CHRISTINE HAAS

Cancer 2023

Du 20 juin au 23 juillet

Table

I: Votre Année 2023

II: Votre signe astrologique

PARTIE I

Votre année 2023

Votre décan en 2023

Lisez les 3 décans de votre signe, il est très fréquent qu'une ou deux autres planètes de votre thème occupent ceux qui ne sont pas les vôtres et que cela vous donne des renseignements supplémentaires.

Pour connaître votre décan : twelv.love

1er décan

20/21 JUIN AU 2 JUILLET

> EN RÉSUMÉ

Vous recevrez des influx de Jupiter à deux reprises cette année. La planète de chance et d'expansion commence en effet l'année (jusqu'au 20 février) au zénith de votre zodiaque, en Bélier, où elle a déjà passé un certain temps en 2022, vous donnant l'opportunité d'avoir plus de pouvoir dans votre job, ou d'obtenir la mutation que vous aviez demandée. Ça n'a pas toujours été rose, il a fallu vous battre, la plupart du temps vous avez gagné, mais certains ont perdu. Jupiter repasse au même endroit très rapidement, mais vous la retrouverez chez l'ami Taureau où elle sera active du 16 mai à début juillet. Vous pourrez alors être sur un intéressant projet ou vous retrouver en binôme avec une personne que vous apprécierez beaucoup.

> VOTRE TRAVAIL, VOS RELATIONS

Un important changement astral se présente : après s'être opposée à vous depuis des années, Pluton qui vous a valu de gros déboires relationnels, voire des pertes, entre en Verseau le 23 mars et aura une influence sur vos finances, bénéfique ou non selon votre thème natal. Mais on peut penser que ce sera positif dans la mesure où vous allez également recevoir un bon aspect de Saturne à partir du 7 mars et pour le reste de l'année. Vous serez accrocheur, persévérant, obstiné à réussir et à vous imposer dans votre milieu professionnel. Cela vous demandera certainement plus d'implication, plus de puissance de travail, mais vous aurez l'énergie et la force pour atteindre vos objectifs.

> VOS AMOURS

Jupiter en Taureau donne de l'importance à la planète du signe, c'est-à-dire à Vénus, la star de vos amours et une des plus jolies planètes de votre thème car elle gère des secteurs importants, dont celui de la famille et de la maison. Voilà pourquoi vous y êtes tellement attaché ! En apparence, il n'y a aucune planète pour vous empêcher de faire progresser votre relation et de vous en enrichir. Chacun aidera l'autre à progresser, vous serez une sorte de Dream Team (du 16 mai à début juillet, puis de nouveau en novembre et décembre). Des périodes où votre union sera solide et où vous pourrez vous reposer sur l'autre. Célibataire, une amitié pourrait évoluer vers une relation plus proche, sachez interpréter les signaux qui vous seront envoyés.

> DIFFICULTÉS

Le seul moment un peu délicat, et encore, sera le passage de Jupiter en Bélier en début d'année. Autant il peut être positif et vous aider à gagner toutes vos batailles – ou vos procès si vous en avez – autant Jupiter peut se montrer une source de tracasseries, de problèmes avec l'autorité et la loi. Et sans votre thème natal, il est difficile de savoir quel rôle jouera Jupiter. Les autres moments un peu contrariants seront ceux de son passage dans votre signe et des autres dissonances qu'elle formera. Mars sera chez vous du 25 mars au 14 avril mais comme elle sera en harmonie avec Saturne, quel que soit le problème, vous prendrez le taureau par les cornes et surmonterez l'obstacle en beauté. Puis entre le 27 août au 12 septembre, il peut y avoir un petit conflit en famille.

2e décan

2 AU 12 JUILLET

> EN RÉSUMÉ

Uranus, qui vous a permis depuis plus de deux ans d'évoluer, de changer, peut-être même de vous libérer d'un travail contraignant pour devenir votre propre maître, Uranus donc sera encore en relation avec vous jusqu'à fin mai. Né après le 7 juillet, c'est vous qui avez encore des attaches à défaire pour vous sentir totalement libre. Par ailleurs, du 20 février au 4 avril, Jupiter sera au zénith de votre zodiaque et peut exercer une bonne influence sur votre vie professionnelle : vous grimpez un échelon, obtenez une titularisation ou une mutation, à moins que vous n'ayez un nouveau chef. Puis de début juillet à mi-novembre, Jupiter en Taureau sera très positive dans le domaine relationnel.

> VOTRE TRAVAIL, VOS RELATIONS

En principe, la période où Jupiter sera en Taureau sera à la fois favorable à l'un de vos projets professionnels ainsi qu'à votre vie sociale, l'une de vos relations amicales pouvant soudain prendre plus de place dans votre tête et votre cœur. Avant qu'elle n'arrive en Taureau, nous avons vu que Jupiter allait passer au zénith de votre thème et, en plus de ce qui a été dit plus haut, cela peut correspondre aussi au fait que vous atteignez l'un de vos objectifs, que vous terminez un travail par exemple, pour en commencer un autre. Il y a une notion de début et de fin. Vous pouvez aussi avoir un parent à prendre en charge. Toutefois, lorsque la planète sera en Taureau il n'y aura pas seulement un projet, il y aura aussi l'espoir de voir une relation amicale évoluer.

> VOS AMOURS

Si vous êtes déjà en couple, il semble que vous aurez un projet à deux, faire un beau voyage par exemple, ou tenter de mettre un bébé en route. Quel que soit ce projet, sa concrétisation dépend de votre thème natal, mais Jupiter en Taureau a toutes les chances de donner plus d'ampleur à vos sentiments, amoureux ou amicaux, et vous mettrez tout en œuvre pour que ce que vous désirez advienne. Comme vous êtes généralement très accrocheur et que vous n'avez aucune planète lente pour contrer vos désirs, il y a des chances pour que vos attentes, vos espoirs se réalisent. Célibataire, ne cherchez pas l'amour, c'est lui qui vous trouvera et vous surprendra au moment où vous vous y attendez le moins à partir du mois de mai.

> DIFFICULTÉS

Comme nous l'avons évoqué, il n'y a pas de planète lente pour vous créer de grosses difficultés. Pour plus de précision, consultez votre ascendant. Mais, quoi qu'il en soit, les bons aspects que votre décan va recevoir donneront à votre année une tonalité plutôt positive. Bien sûr, vous ne pourrez pas éviter les contrariétés que Mars provoque toujours sur son passage, mais Mars ne sera vraiment active qu'une fois dans l'année, c'est quand elle traversera votre décan entre le 14 avril et le 2 mai. Cela peut se révéler positif si vous avez un objectif en vue et que vous êtes très motivé, mais dans certains cas une petite tracasserie vous énervera passablement pendant la période (3 ou 4 jours chacun). Un problème avec un parent ou un supérieur.

3e décan

12 AU 23 JUILLET

> EN RÉSUMÉ

La bonne nouvelle de l'année c'est qu'au mois de mars, le 23 exactement, Pluton quittera l'opposition de votre décan pour entrer en Verseau. Certes, elle restera un peu active pour ceux des tout derniers jours du signe, mais la tendance sera nettement différente, vous aurez de toute façon fait le ménage dans votre vie, ou alors vous aurez finalement accepté les conditions dans lesquelles vous vivez, non pas comme une fatalité, mais peut-être comme une expérience qui a pu vous enrichir. Autre bonne nouvelle, Uranus entame un bon aspect avec vous, porteur de nouveauté, de liberté et d'envie de donner une autre direction à votre vie. Vous avez devant vous une année 2023 qui se présente comme une page blanche, mais avec plein d'autres pages écrites derrière elle et qui vous seront utiles.

> VOTRE TRAVAIL, VOS RELATIONS

Un rapide passage de Jupiter tout en haut de votre ciel, dans votre secteur professionnel, sera peut-être à marquer d'une pierre blanche, on ne sait jamais. Ce sera entre le 4 avril et le 16 mai, période où certains d'entre vous pourront obtenir une promotion, une mutation, ou encore seront titularisés à leur poste ; un CDI peut aussi vous être proposé. Mais il faut dire que vous aurez mis le paquet et que ce sera vraiment le fruit de vos efforts. Par ailleurs, avec l'aide d'amis ou de relations, vous pourriez intégrer un nouveau milieu ou un réseau relationnel qui peut vous être très utile ; peut-être pas dans l'immédiat, mais l'année prochaine quand Jupiter occupera le Taureau. Il se trouve en effet que l'année 2024 devrait être très positive dans le domaine socioprofessionnel.

> VOS AMOURS

Vous devriez normalement être sensible à la boucle que fera Vénus chez votre voisin Lion où elle stationnera en regard de votre décan tout juillet et une partie du mois d'août. C'est une période où elle avancera et reculera en formant une dissonance avec Uranus qui peut vous donner des envies de liberté dans ce domaine affectif. Il n'y a pas de rupture en prévision, en tout cas pas pour votre décan (voyez votre ascendant), mais peut-être vous êtes-vous un peu trop attaché à votre chéri/e ou qu'il/elle est un peu trop dépendant de vous et que vous avez tout simplement besoin d'un peu d'espace. Toutefois, le contraire peut être vrai : c'est vous qui serez de plus en plus attaché à l'autre, et parfois même trop possessif. Célibataire, un lien pourrait se créer aux dates citées plus haut, mais allez-y progressivement.

> DIFFICULTÉS

Né après le 19 juillet, vous aurez donc encore quelques influx de Pluton, mais le plus gros de son travail aura été fait et il faut espérer que vous ne serez plus sous l'emprise d'un amour (ou d'un produit) toxique, mais auquel vous étiez très attaché et parfois, seule la mort a pu vous séparer (dans les cas les plus extrêmes). Ce sera encore présent au début de 2023, puis vous y repenserez dans la 2e partie de l'année. Par ailleurs, Mars passera par votre décan du 2 au 20 mai et, heureusement, Pluton ne sera pas de la partie. Il n'empêche que ce qui appartient maintenant au passé peut revenir vous tourmenter pendant quelque temps et que cette période du mois de mai ne sera pas la plus facile de l'année. Mais réjouissez-vous, vous n'avez aucune autre planète pour vous freiner.

Votre ascendant en 2023

Selon votre ascendant, les planètes qui vont compter en 2023
Pour savoir quel est le décan de votre ascendant : twelv.love Et consultez les 3 décans, une de vos planètes peut se trouver dans un autre décan que le vôtre.

BÉLIER

> 1er DÉCAN

De janvier au 20 février, **Jupiter** revient dans votre décan, comme en 2022. Je vous rappelle qu'elle était entrée chez vous en mai, accompagnée par **Mars**, ce qui a pu créer une grosse colère ou vous obliger à vous investir à fond dans un travail, voire dans la défense de vos droits. Il va donc en être encore question en début d'année mais cette fois **Mars** est en bon aspect avec vous (rétrograde, donc moins active jusqu'au 13 janvier) mais vous allez certainement avoir une opportunité à saisir, ou à développer si elle s'est déjà présentée. Le succès pourrait être au rendez-vous également grâce à **Pluton** qui entre en Verseau le 23 mars, un must qui vous donnera envie de vivre intensément et d'être plus créatif que jamais. Vous serez animé d'une pulsion vitale étonnante.

> 2e DÉCAN

Jupiter n'avait pas atteint votre décan en 2022, ce sera fait cette année à partir du 20 février et jusqu'au 4 avril. Fin février et début mars, la planète de chance et d'expansion sera conjointe à **Vénus** et il ne serait pas étonnant que l'amour vous tombe dessus et que vous vous emballiez pour quelqu'un. Ce sera fort, intense, mais est-ce que cela va durer ? Ce n'est pas sûr car **Jupiter** est très rapide. Maintenant, cela dépend d'autres éléments de votre thème natal que je ne possède pas. Et si ce n'est pas l'amour qui vous tombe dessus, ce sera de l'argent que vous aurez peut-être gagné par votre travail, mais il se peut aussi que vous ayez de la chance au jeu, surtout fin février, début mars.

> 3e DÉCAN

Vous aurez vous aussi droit à la présence de **Jupiter** dans votre décan du 4 avril au 16 mai, date à laquelle elle quittera définitivement votre signe pour le Taureau. Sans votre thème, on ne peut que faire des suppositions : période de chance et de développement, voire d'enrichissement pour les uns, ou période de tracasseries administratives voire judiciaires pour les autres, qui seront obligés de faire respecter leurs droits. **Pluton** étant partie en Verseau, **Jupiter** ne formera aucun aspect et pourra donc vous donner le maximum, dans le positif comme dans le moins positif. Toutefois, si vous avez quelque chose à entreprendre, c'est le bon moment pour vous lancer, la période placera des chances sur votre route, même si vous avez quelques soucis avec l'administration par ailleurs.

TAUREAU

♉

> 1er DÉCAN

Le plus important cette année, c'est que **Jupiter** (planète réputée chanceuse) fait son retour dans votre ascendant le 16 mai. Son dernier passage date de 2011, si vous vous souvenez de ce qu'il s'est passé, vous aurez un indicateur de ce qui peut donc advenir à partir du mois de mai, et même un peu avant. A priori, c'est une conjoncture très profitable et qui peut vous voir très à l'aise financièrement, ou d'une manière générale dans votre vie. Mais il n'y a pas que ça ! **Saturne**, elle, entame un bon aspect avec vous à partir du mois de mars, elle entrera alors en Poissons, le signe qui gère vos projets et vos amitiés. Côté projet, vous pourriez vous investir dans quelque chose qui vous prendra du temps, mais qui ne peut que vous conduire à évoluer, tout en conservant des bases solides, des bases essentiellement relationnelles.

> 2e DÉCAN

Vous n'êtes pas du tout logé à la même enseigne que le 1er décan, vous ne recevrez que **Jupiter**, à partir de fin juin et jusqu'en novembre, mais ce n'est pas rien. Reportez-vous, comme le 1er décan, à 2011, 2012 pour avoir une idée de ce qui peut arriver de positif dans votre vie. D'une manière ou d'une autre, vous prendrez plus de place dans votre job, ou serez plus productif et du coup l'argent rentrera plus facilement, après une période très instable. Mais il peut aussi y avoir un héritage, une donation, un important dédommagement. Pour certains cependant, c'est la face juridique de **Jupiter** qui sera active et vous risquez d'avoir un petit problème avec l'administration, fiscale surtout. À moins qu'une situation injuste ne se présente et que vous ne soyez obligé de vous défendre, ou de vous faire défendre par un avocat.

> 3e DÉCAN

Jusqu'en mars, **Saturne** occupera encore le zénith de votre zodiaque, et il se peut que vous soyez en manque de boulot, ou d'objectifs à atteindre, ce qui risque d'être un peu déprimant. Mais, étant donné qu'elle quitte ce secteur en mars (le 7 précisément), vous pourrez remonter la pente. Cela prendra le temps que cela prendra, mais dites-vous que vous avez en vous la force et la persévérance nécessaires. **Jupiter** ne viendra pas chez vous cette année mais l'année prochaine, toutefois vous allez recevoir la visite d'**Uranus** à partir du mois de mai. Cela ne se produit que tous les 84 ans, c'est donc (selon votre thème) quelque chose d'important dans un des domaines clé de votre vie : le travail ou la famille. Avec **Uranus** il y a toujours de l'instabilité et parfois une expérience très inédite à vivre. Et qui peut vous chambouler intérieurement, mais qui sera aussi une intéressante leçon de vie.

GÉMEAUX

> 1er DÉCAN

En 2022, **Jupiter** vous avait longuement envoyé de bons influx depuis votre secteur de projets et d'espoirs. C'est une planète dont la mission est d'amplifier ce qui est positif, comme ce qui est négatif ! Vous avez eu du temps pour mettre au point vos idées et **Jupiter** étant revenue en décembre, c'est le moment de vous lancer. Elle occupera ce même décan du Bélier que l'année dernière jusqu'au 20 février et vous ne la reverrez plus. Mais d'ici là, il y a des chances pour que l'un de vos projets ou l'un de vos espoirs se soit réalisé et que vous ayez fait un grand pas en avant. Tout cela étant relatif à la position de **Jupiter** dans votre thème de naissance. Autre nouveauté, l'arrivée de **Saturne** en Poissons le 7 mars, elle occupera le zénith de votre thème et vous invite à persévérer si vous avez un objectif. Plus vous serez déterminé à réussir, moins dispersé, meilleures seront vos chances de grimper les échelons.

> 2e DÉCAN

En principe, ce décan de votre ascendant ne reçoit pas énormément d'aspects cette année, mais celui que vous enverra **Jupiter** pourrait jouer un rôle important (selon votre thème natal). Elle sera en relation avec vous du 20 février au 4 avril, étant entendu qu'elle peut « agir » avant. Il est possible que vous ayez un projet qui compte beaucoup pour vous et que votre espoir de le réaliser se concrétise pendant la période citée. Mais bien d'autres domaines peuvent être touchés par **Jupiter**, dont celui des relations amicales ou professionnelles. Vous pourriez vous constituer un réseau, dans un domaine ou dans l'autre, sur lequel vous pourrez vous appuyer, les personnes de ce réseau étant favorables à l'entraide, tout comme vous d'ailleurs. Il se peut aussi que vous rencontriez quelqu'un que vous allez admirer, dont vous vous inspirerez et qui sera comme un guide pour vous. Un pygmalion pour les plus jeunes.

> 3e DÉCAN

La présence de **Neptune** dans votre secteur 10, qui gère votre carrière et les événements importants de votre vie jouera un rôle qui peut aussi bien se révéler positif, que créer une instabilité dans votre vie professionnelle. Si **Neptune** est positive, vous pourriez vous retrouver au sein d'un grand groupe, international peut-être et réussir à grimper les échelons au fil du temps. Vous pourriez aussi admirer une personne avec qui vous travaillez et vous en inspirer, vous en servir comme modèle… Pour certains, **Neptune** indique que vous atteindrez des sommets. Pour d'autres, la planète ne jouera pas du tout le même rôle et peut vous voir changer de job un peu trop souvent parce que vous supporterez mal l'autorité de vos supérieurs et qu'il y aura des embrouilles sur votre lieu de travail. Surtout quand **Mars** passera par chez vous au mois de mars. Attention, vous risquez de vous trouver dans une situation remuante et d'en être responsable.

CANCER

> 1er DÉCAN

En 2022 déjà, **Jupiter** s'était présentée au zénith de votre thème personnel, occupant de mai à octobre le 1er décan du Bélier. Fin mai et début juin n'ont pas été faciles car elle était conjointe à **Mars**, il y a eu de la bagarre, vous avez dû attaquer ou vous défendre. À présent, **Jupiter** va retraverser très rapidement le décan de votre ascendant en janvier et février (jusqu'au 20) et ne reviendra plus. **Mars** n'étant plus là, vous n'aurez plus d'obstacle pour réussir et peut-être même que vous atteindrez brillamment l'un de vos objectifs, non sans avoir « mouillé la chemise » comme on dit. Après le 16 mai et jusqu'au 4 juillet, **Jupiter** braquera le projecteur à la fois sur vos projets, vos espoirs, et sur vos relations amicales. Vous pourriez intégrer un réseau d'entraide, amical ou professionnel, dont vous deviendrez vite un membre actif.

> 2e DÉCAN

La réussite professionnelle sera votre principal objectif du 20 février au 4 avril. C'est probablement quelque chose qui se prépare depuis l'été dernier : une promotion, une mutation, un poste qui vous donne en tout cas plus de responsabilités et peut demander à certains de diriger, d'avoir de l'autorité même sur une équipe. Quoi qu'il en soit, vous y mettrez toute votre énergie ! Moins chanceux, certains auront un procès à affronter, ou des embrouilles avec l'administration à gérer à cause d'une négligence involontaire (ou non). Du 4 juillet au 7 novembre, vos projets et vos relations amicales prendront de l'importance et si vous avez besoin d'aide pour progresser, vous trouverez ce qu'il vous faut. On (une relation ?) vous soutiendra activement, peut-être même sur le plan financier si besoin est.

> 3e DÉCAN

Vous aurez vous aussi l'occasion de grimper un échelon, ou de prendre la direction d'une mission, voire d'un service ou d'un groupe, entre le 4 avril et le 16 mai. Ce sera l'événement principal de cette année et **Pluton** ne s'opposant plus à vous après le 23 mars, rien ni personne ne pourra s'opposer à votre progression – sauf vous-même et un comportement qui ne serait pas adapté et qui ferait qu'au dernier moment vous n'obtiendriez pas ce que vous pensiez vous revenir de droit. Il faudra vous méfier de vos réactions instinctives, elles peuvent aller contre vos intérêts. Autre avantage cette année, une volonté chez certains de prendre leur indépendance (un bon aspect d'**Uranus**) et ce que vous avez déjà préparé l'année dernière pour certains vous sera très utile. Vous libérer d'une tutelle ou d'une dépendance sera d'une grande importance pour la suite des événements.

LION

> 1er DÉCAN

Votre année 2023 démarrera sur les chapeaux de roues avec le retour de **Jupiter** en Bélier, en harmonie avec votre ascendant. Vous serez en pleine possession de vos moyens, prêt à tout pour réussir, vous faire remarquer, donner des galons à votre renommée dans votre métier. Vous avez déjà eu beaucoup l'année dernière et comme **Jupiter** sera plus rapide, ce sera très positif mais moins durable (**Jupiter** cessera de vous regarder le 20 février). Ce qui va certainement vous interpeller davantage, c'est l'opposition de **Pluton** qui entre en Verseau le 23 mars, pour le meilleur et pour le pire. Le meilleur étant un statut qui vous donne du pouvoir, de l'argent, le pire étant parfois une suite d'événement vous obligeant à revivre un passé que vous pensiez enfoui sous les décombres de votre enfance. Mais il faut se méfier du refoulé…

> 2e DÉCAN

Vous serez probablement très content du transit de **Jupiter** en Bélier, qui durera du 20 février au 4 avril. **Jupiter** et **Vénus** se rencontrant fin mars et début avril, vous serez doublement content, peut-être parce que vous tomberez amoureux ou éventuellement parce que vous concevrez un enfant ou que vous l'accueillerez. Mais votre créativité, votre sens esthétique peuvent aussi être décuplés par cette jolie conjoncture, également favorable aux voyages de toute nature : réels ou spirituels. En outre, vos idées et opinions seront très écoutées, parfois même vous ferez référence. Par ailleurs, vous serez débarrassé de la déstabilisante **Uranus** à partir de fin mai, cela faisait au moins deux ans qu'elle vous perturbait et vous obligeait à accepter des contraintes dont la plupart des membres de ce décan se sont enfin débarrassés. Vous avez à présent votre seconde chance.

> 3e DÉCAN

Ce sera à votre tour de recevoir un bon aspect de **Jupiter** du 4 avril au 16 mai, une période très positive, qui pourrait cependant être instable à cause de l'arrivée d'**Uranus** au zénith de votre thème. C'est-à-dire qu'il y aura forcément des changements de dernière minute et qu'ils ne vous arrangeront pas. Vous pensiez avoir obtenu la reconnaissance que vous méritez, ou la mutation à laquelle vous aspirez, et si vous êtes du début du décan, il faudra revoir vos plans. Toutefois, rien ne sera gravé dans le marbre, ce n'est jamais le cas avec **Uranus** qui peut rester inactive pendant des mois et vous donner alors le sentiment que vous stagnez. Par ailleurs, **Vénus** s'arrêtera chez vous en juillet et jusqu'au 15 août, une période où ce sont vos amours qui vous mèneront par le bout du nez (fin septembre et début octobre aussi). Mais il y aura de forts remous pour certains…

VIERGE

> 1er DÉCAN

Souvenez-vous, en mai 2022, **Jupiter** et **Mars** étaient entrées en même temps en Bélier, provoquant en vous un sentiment de révolte contre l'injustice. Après des allers et retours, vous retrouvez **Jupiter** en Bélier début 2023, sans **Mars** et donc moins agressive. Tout janvier et jusqu'au 20 février, vous aurez certainement à vous occuper d'une histoire d'argent à réclamer, qu'il s'agisse d'une aide, d'une donation ou d'un héritage. Il semble qu'il y aura beaucoup de papiers, de documents et que les questions administratives seront un peu envahissantes. Ce qui ne peut que vous rendre plus anxieux et nerveux que vous l'êtes déjà. Il y aura un problème relationnel en **mars**-avril, puis, la chance sera au rendez-vous à partir de mai, avec la possibilité de vous développer en grimpant un échelon, ou éventuellement en faisant une formation qui vous aidera à progresser.

> 2e DÉCAN

Uranus est toujours en phase avec votre décan, du moins jusqu'à fin mai. Vous pourrez donc explorer de nouvelles activités où vous aurez plus de liberté d'agir et de concrétiser vos idées. Vous avez peut-être décidé de vous mettre à votre compte ? Cela ne peut que vous réussir, aucune planète lente n'étant en dissonance avec vous pour cette année. Au contraire, vous aurez droit à un aspect chanceux de **Jupiter** à partir de fin juin et jusqu'en novembre ; il apparaît que vous pourrez développer ce que vous avez mis en place sous l'égide d'**Uranus** et que vous y gagnerez, non seulement financièrement mais aussi sur le plan de la renommée. On appréciera ce que vous faites et on vous le fera savoir. Toutefois, comme pour le 1er décan, il y aura quelques démêlés avec l'administration, rien de grave.

> 3e DÉCAN

Vous allez enfin recevoir les bons influx d'**Uranus** qui seront essentiels pour vous libérer et devenir ou redevenir vous-même. Le problème étant que **Neptune** s'oppose à vous et que vous êtes probablement dans une relation qui peut être toxique. Vous ne vous en étiez pas rendu compte jusqu'à présent, mais vous ne pouvez plus fermer les yeux. En conséquence, l'aspect d'**Uranus** ne pouvait pas mieux tomber ! Il va d'abord vous donner des envies de liberté, ensuite vous trouverez le moyen de reprendre votre indépendance. Le problème relationnel peut autant se situer dans votre vie amoureuse que dans votre vie professionnelle où quelqu'un essaye sans cesse de vous rabaisser. Mais les choses vont commencer à bouger cette année et elles pourraient se concrétiser entre juin et décembre.

BALANCE

> 1er DÉCAN

Vous avez déjà tâté de l'opposition de **Jupiter** en Bélier en 2022, entre mai et octobre, et elle est revenue fin décembre. Donc elle sera encore active en début d'année et jusqu'au 20 février. Au positif, vous pouvez vous associer, voire vous marier avec quelqu'un qui vous stimulera et vous aidera à être plus productif. Au négatif, un problème associatif risque de vous avoir déjà embêté en 2022 et il revient se manifester. Mais de toute manière, il n'en sera plus question après le 20 février et **Jupiter** occupera à partir du mois de mai (le 16) votre secteur financier, ce qui signifie que l'argent devrait rentrer, et comme c'est **Jupiter**, ce sera plus important que ce que vous pensez. Il pourra être question d'une donation, d'une compensation, d'un héritage. Mais plus vraisemblablement, ce sont vos propres productions qui vous rapporteront.

> 2e DÉCAN

Votre ascendant n'avait pas vraiment reçu l'opposition de **Jupiter** l'année dernière, mais cette année vous n'y échapperez pas : du 20 février au 4 avril, elle sera face à vous et vous proposera deux sortes d'ambiances. Tout d'abord, une ambiance positive avec une possible association, voire un mariage, un pacs, quelque chose qui devrait beaucoup vous réjouir, à moins que vous ne soyez engagé dans une équipe, ou dans un partenariat productif. Au négatif, cette opposition de **Jupiter** vous confrontera à la concurrence, à des difficultés dans votre mariage ou dans une association. Après le 5 juillet, **Jupiter** en Taureau devrait faciliter vos rentrées d'argent et surtout vous permettre, si vous avez eu des problèmes avec un partenaire, de réparer ce partenariat ou de vous réparer vous-même. Et si vous avez divorcé, la compensation financière sera à la hauteur de ce que vous désirez.

> 3e DÉCAN

Une bonne nouvelle : **Pluton** quitte le Capricorne le 23 mars et n'y reviendra que très peu cet été. Cela vous débarrasse d'un poids, celui du passé que la planète vous a obligé à revisiter et qui a pu vous créer des tourments, des angoisses. À la place de **Pluton**, vous recevrez un aspect stabilisant de **Saturne** (déjà l'année dernière) mais seulement jusqu'en mars. Cela dit, le « travail » de **Saturne** est fait : vous donner des bases solides pour les uns, vous faire accepter une période de célibat pour les autres. D'ailleurs, l'opposition de **Jupiter** qui se présentera du 4 avril au 16 mai pourrait correspondre à un divorce et à ses aléas. Mais elle peut, selon votre thème, se révéler positive et vous permettre d'intégrer une équipe, d'en former une ou alors de rencontrer quelqu'un et d'avoir le désir de vous engager et même de vous marier. C'est donc le domaine relationnel qui sera favorisé (ou défavorisé) par **Jupiter**, une planète qui est à double face et qui amplifie tous les domaines qu'elle touche.

SCORPION

> 1er DÉCAN

La grande nouveauté de l'année, pour vous, c'est l'entrée de **Pluton** en Verseau le 23 mars, une brève incursion jusqu'au 11 juin, mais le processus sera lancé pour beaucoup d'entre vous. Il s'agit, avec **Pluton** et après une sorte d'épreuve initiatique, de se reconstruire, de reprendre sa vie en main, de faire preuve de résilience, en particulier né en 1984, 1985. C'est un aspect intéressant pour vous en particulier, **Pluton** étant votre maître, et sachez qu'il peut faire ressurgir un traumatisme subi dans l'enfance. Par ailleurs, comme en 2022, **Jupiter** traversera le 1er décan du Bélier en janvier et en février, elle occupera votre secteur du travail qui devrait prendre plus d'importance. Soit parce que vous obtiendrez des avantages, soit au contraire parce que vous aurez un problème à régler avec un collègue ou un employé. Côté cœur, avec l'arrivée de **Jupiter** en Taureau en mai, vous pourriez faire une importante rencontre, vous marier ou vous pacser.

> 2e DÉCAN

En début d'année, c'est encore l'opposition d'**Uranus** qui vous ennuiera et vous rappellera, surtout début février, qu'il y a des changements à effectuer (ou à subir) dans votre vie relationnelle. Mais **Uranus** cessera son opposition fin mai, et par chance vous recevrez celle de **Jupiter** à partir de fin juin, et elle n'a rien à voir ! Selon votre thème natal, **Jupiter** gère vos acquisitions et votre argent, mais on peut très bien penser aussi que vous allez « posséder » quelqu'un. En effet, à cette date et jusqu'à fin octobre, vous serez totalement ouvert aux autres, bien plus investi dans vos relations et il est très possible que vous fassiez une importante rencontre et si vous avez bien fait le travail que vous demandait **Uranus**, si vous êtes moins dans la possession justement. Cette relation pourrait prendre de la place dans votre vie, notamment fin juillet et début août : il se peut qu'on vous présente quelqu'un.

> 3e DÉCAN

C'est à votre tour cette année de recevoir l'opposition d'**Uranus** qui, en soi n'est pas mauvaise, c'est juste qu'elle vous demande un changement et que vous n'aimez pas ça ! C'est sur le plan relationnel que ça se passe, et il semble que vous allez devoir faire face à une remise en question si vous êtes en couple, ou à de l'instabilité si vous êtes célibataire. Dans les deux cas de figure, votre attitude vis-à-vis de l'autre sera à analyser pour mieux comprendre ce qu'il se passe : surtout ne rejetez pas toute la faute sur l'autre, vous reculeriez au lieu d'avancer. Cela peut être en rapport avec votre vie amoureuse, mais vos relations avec vos collègues ou employés pourraient aussi être en question. Le passage de **Jupiter** en Bélier, du 4 avril au 16 mai sera peut-être le fauteur de troubles : vous obtiendrez éventuellement un statut qui vous donnera de l'autorité, ce dont vous abuserez sans vous en rendre compte dans tous les domaines. Vous savez ce qu'il vous reste à faire !

SAGITTAIRE

> 1er DÉCAN

Vous avez déjà eu de belles opportunités en 2022 quand **Jupiter** avait fait un séjour en Bélier (mai à octobre) et voilà que la planète revient en 2023 et vous enverra de bons influx, très créatifs, jusqu'au 20 février. Vous réaliserez quelque chose, que vous avez peut-être entrepris l'année dernière, et qui prospérera en janvier, février. Mais il se pourrait aussi qu'un enfant apparaisse et que vous en soyez très heureux. Par la suite, **Jupiter** atteindra le Taureau le 16 mai (jusqu'au 5 juillet) et cela signifie que ce que vous avez mis en route peut vous rapporter, et parfois plus que vous ne l'aviez imaginé. Si toutefois, dans votre thème natal, **Jupiter** est positive. Autre aspect actif à partir du 7 mars, c'est celui que **Saturne** va former avec votre ascendant, vous freinant un peu dans votre progression, mais surtout parce que vous serez fatigué ou moins motivé que d'habitude. Toutefois, le couple peut en être affecté.

> 2e DÉCAN

Vous serez également regardé de manière très positive par la planète de toutes les chances, **Jupiter**. Ce sera actif du 20 février au 4 avril, mais il est sûr que vous en ressentirez les bienfaits avant le 20 février. La planète étant propice au développement, personnel ou professionnel, il est possible que vous puissiez progresser très rapidement, surtout sur le plan professionnel. Il faut dire qu'on appréciera ce que vous faites, votre créativité étant décuplée par la conjoncture. Quoi que vous entrepreniez, ça marchera. Certains pourraient même avoir un enfant… À partir de juillet, vous recueillerez les fruits de vos efforts, surtout sur le plan financier. **Jupiter** occupera alors le secteur le plus productif de votre zodiaque. Toutefois, c'est également le secteur des dédommagements, des primes et des héritages. Il est donc possible que l'argent vous arrive de cette manière.

> 3e DÉCAN

La seule planète lente à faire un aspect dynamique avec vous, c'est **Neptune**. Elle était déjà active l'année dernière mais elle est difficile à interpréter car elle possède plusieurs sens. Elle peut vous inviter (voire vous obliger) à prendre conscience d'une dépendance dont vous cherchez à vous défaire et qui vous a empêché, jusqu'à présent, de construire du solide dans votre vie. Toutefois, **Saturne** a été en harmonie avec vous tout 2022 et encore cette année jusqu'en mars. Vous avez peut-être entamé un processus qui vous permet de vous défaire de cette dépendance et de vous stabiliser. Pour d'autres Sagittaire, **Neptune** étant la planète qui représente les secrets et parfois les secrets de famille, il est possible qu'un ou des événements de votre enfance aient été oubliés, refoulés, et qu'ils reviennent à présent à votre conscience. **Jupiter**, elle, sera positive et même chanceuse entre le 4 avril et le 16 mai.

CAPRICORNE

> 1er DÉCAN

Votre planète maîtresse, **Saturne**, quitte votre signe où elle était depuis 2017 pour entrer chez l'ami Poissons le 7 mars. En bon aspect avec votre ascendant, vous ne vous apercevrez pas tout de suite de ce qu'elle vous apporte, mais il est évident que vous allez vous installer dans quelque chose de durable et de sérieux. Que ce soit dans vos relations ou dans votre vie professionnelle. Mais vous pouvez aussi vous mettre à apprendre quelque chose, ou à approfondir un savoir, tout ceci vous nourrissant spirituellement. Autre aspect, rapide, et qui reproduit celui de 2022 (entre mai et octobre), le passage de **Jupiter** dans votre secteur 4 ; un déménagement, prévu de longue date, peut-être après des travaux, pourrait se faire entre début janvier et le 20 février. À moins qu'enfin vous n'achetiez la maison de vos rêves pendant cette période. Pour certains natifs, ce sera un peu moins positif car il y aura des différends avec votre hiérarchie, il faudra vous défendre.

> 2e DÉCAN

Uranus, planète des changements et des découvertes sur soi terminera son bon aspect avec vous fin mai (commencé en 2021) ; né après le 6 janvier vous aurez donc encore quelques mois pour faire de gros progrès dans votre vie sociale, l'image que vous avez de vous-même ayant évolué ces deux dernières années. Et vous en profiterez certainement à partir du mois de mai, quand **Jupiter** entrera en Taureau et sera en harmonie avec votre ascendant : c'est un aspect de développement, qui pourrait correspondre à un succès personnel, à quelque chose qui vous met en vedette. Mais ce développement peut aussi être physique pour celles qui seront enceintes : c'est en effet une des possibilités offertes par **Jupiter** qui restera votre alliée jusqu'en novembre et reviendra en 2024. Juillet sera probablement le mois le plus favorable de votre année.

> 3e DÉCAN

Une bonne année pour vous aussi ! Tout d'abord, **Pluton** vous quitte du 23 mars au 11 juin, elle reviendra mais pour repartir définitivement début 2024. La planète se tenait à la fin de votre ascendant depuis longtemps (2019) et elle a été à l'origine d'un processus de destruction-reconstruction qui a été une épreuve pour certains d'entre vous. Mais elle a pu jouer un rôle positif pour d'autres, en vous permettant de vous enrichir, matériellement ou spirituellement. Elle laisse la place à un bon aspect de **Neptune** qui va vous permettre de vous détendre, d'apprécier davantage le moment présent, sans vous préoccuper plus que de raison de ce qui risque d'advenir. En outre, vous nouerez des liens amicaux ou amoureux qui prendront de la place, des personnes avec qui il y aura de la complicité et qui apprécieront vos conseils pleins de bon sens. Mais **Jupiter** risque de créer un conflit, apparemment vite résolu. Entre le 4 avril et le 16 mai, il faudra faire profil bas, en famille ou dans votre vie professionnelle, des problèmes avec l'autorité étant apparus.

VERSEAU

> 1er DÉCAN

Le plus important en 2023, c'est l'arrivée de **Pluton** dans votre décan. Elle restera sur le tout début, mais cela ne s'est pas produit depuis 1778 ! Planète des crises, elle était entrée en Capricorne en 2008 (crise financière) et là, dans votre signe, c'est peut-être une crise des libertés qui va se manifester. Sur le plan personnel, cela peut être tout ou rien : vous pouvez vous enrichir considérablement et de manière inattendue sur le plan financier, comme vous pouvez rétrograder et peut-être même devoir repartir de zéro. En tout cas, ce sera une année intense pour ceux du début du signe. **Jupiter** sera votre alliée en janvier et jusqu'au 20 février, vos affaires marcheront vraiment bien et on parlera de vous avec admiration. Ce que vous ferez pourrait d'ailleurs vous rapporter beaucoup puisque **Pluton** ne sera pas loin. En mai et juin, avec **Jupiter** en Taureau, il se pourrait que vous soyez obligé de vendre un bien, ou de le partager. Une affaire familiale peut aussi vous préoccuper.

> 2e DÉCAN

Pas de **Pluton** pour vous, et surtout la fin de la dissonance d'**Uranus** qui a provoqué d'importants changements depuis deux ans. Elle vous lâchera fin mai et ce sera un vrai soulagement pour certains. Pour vous dynamiser d'ici là, un bon aspect de **Jupiter** en Bélier pourrait vous permettre de démarrer quelque chose, un projet qui progressera rapidement entre 20 février et le 4 avril. Il y aura une occasion à saisir et il faudra foncer dessus, ne pas trop réfléchir, même si cela vous demande plus de boulot. Peut-être aussi que vous ferez une formation éclair et que cela vous permettra de prétendre à une meilleure rémunération. Quoi qu'il en soit, ce sera un pari sur l'avenir. Après le 5 juillet, comme le 1er décan, vous recevrez des influx de **Jupiter** depuis le Taureau, secteur de la famille et de la maison. Soit vous aurez dans l'idée d'acheter un bien pour faire un placement, par exemple, ou alors vous aurez tout simplement à déménager. Réfléchissez à ce qu'il s'est passé en 2011 dans ces domaines.

> 3e DÉCAN

Cette année, la planète la plus active pour vous sera **Uranus** (votre maître, je le rappelle). Elle entrera dans le 3e décan du Taureau et cela peut entraîner des répercussions très différentes selon le thème de chacun et surtout selon votre signe solaire. En tout cas, préparez-vous à des changements, il vous est même conseillé d'avoir un plan B, si les changements concernent votre vie professionnelle. Vous serez aidé, c'est certain, par un bon aspect de **Jupiter** qui sera actif entre le 4 avril et le 16 mai, la planète occupant un secteur qui est justement dédié à la diversification de vos activités. Surtout, si vous avez mis tous vos œufs dans le même panier, il est dans votre intérêt de regarder ailleurs et de prendre, peut-être à moitié, votre indépendance. Le but d'**Uranus** étant précisément de vous obliger à vous défaire de toute dépendance. Par ailleurs, **Saturne** sera encore chez vous jusqu'au 7 mars, comme en 2022, vous gênant précisément dans votre volonté d'avancer. Peut-être tout simplement parce que vous aurez un peu moins d'énergie.

POISSONS

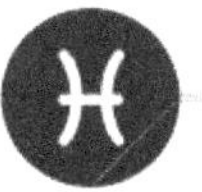

> 1er DÉCAN

Jupiter a quitté votre ascendant et se trouve à présent en Bélier jusqu'au 16 mai, elle aura alors traversé les 3 décans. Elle restera jusqu'au 20 février dans le vôtre, mais vous l'avez déjà eue longuement l'année dernière et vous avez, éventuellement pu augmenter vos revenus ou effectuer un achat conséquent. Avec **Jupiter**, vous le savez, il y a toujours une amplification ; la planète met fortement l'accent sur un domaine et, en ce qui vous concerne, le Bélier est votre domaine d'argent. Celui que vous rentrez tous les mois et qui pourrait de nouveau être plus important en début d'année. Ça ne sera pas un miracle mais plutôt le fruit de votre travail et surtout d'un fort désir d'être productif. Toutefois, **Saturne** va également faire son apparition dans votre signe (la dernière fois c'était en mai 1993 et surtout en 1994), et il faudra alors vous fixer des objectifs, ou accepter qu'on vous en fixe, et faire les efforts nécessaires pour les atteindre. Cependant, vous pouvez aussi connaître une période difficile parce que vous vous sentirez seul, ou mal accompagné.

> 2e DÉCAN

Uranus s'occupe encore de votre décan jusqu'en mai, une bonne configuration qui vous a peut-être permis – ou qui va vous permettre – d'en apprendre beaucoup sur un sujet en particulier, ou parfois sur vous-même. Il se peut que vous vous découvriez un potentiel qui ne s'était pas exprimé jusque-là, ou que vous appreniez à mieux vous exprimer, que ce soit par oral ou par écrit. **Saturne** a été en relation avec vous l'année dernière et vous a permis justement d'être plus rigoureux et surtout d'avoir un esprit critique plus affûté. Par ailleurs, **Jupiter** sera votre facteur chance cette année, du 5 juillet au 5 septembre (des dates à ne pas prendre à la lettre). Vous allez nouer un lien de complicité avec quelqu'un et parfois plus parce que vous aurez de belles affinités. Mais cela devrait rester platonique, normalement. Ce sera quelqu'un qui peut vous guider et dont vous apprécierez beaucoup l'intelligence. Il y aura quelque chose de fraternel entre vous.

> 3e DÉCAN

Neptune n'en a pas terminé avec vous, elle est encore conjointe à votre Soleil et, en bonne planète « double », elle peut autant être positive que négative. Cela dépend de ses états dans votre thème natal, si elle est forte ou non. En tout cas, c'est la planète des illusions/désillusions et il faut en tenir compte en développant votre sens critique. Si vous êtes déjà de ceux qui doutent, très bien. Mais en général le doute est assez faible chez les Poissons, et c'est la meilleure parade à **Neptune**, qui nous fait prendre souvent des vessies pour des lanternes. Heureusement, et c'est une chance, **Uranus** commence à vous regarder (depuis quelque temps déjà) et il vous vient à l'esprit que vous pourriez vous libérer, vivre et penser autrement. Certains ont peut-être commencé à chercher comment laisser tomber leurs illusions, les autres feront de même cette année, ce qui à la longue sera extrêmement positif. Par ailleurs, **Jupiter** éclairera votre secteur d'argent du 4 avril au 16 mai et vous permettra peut-être d'augmenter vos revenus pendant cette période. Et si c'est le cas, essayez d'épargner.

Vos prévisions 2023

mois par mois

Janvier

SIGNE DU MOIS: CAPRICORNE

> 1er DÉCAN

Le Capricorne vous a imposé sa loi en décembre, vous en êtes débarrassé ce 1er janvier et deux autres planètes vous regardent. D'abord Mars, qui gère vos énergies, vos actions, qui occupe les Gémeaux depuis des lustres et qui va stationner ce mois-ci, avec un léger effet décourageant pour ceux de début juillet. Mais ce n'est pas nouveau ! Vous pouvez aussi vous disperser dans trop d'activités et brasser du vent... Par ailleurs, Jupiter au zénith de votre zodiaque peut vous aider à jouer un rôle de leader, à entraîner les autres dans un combat pour la justice et l'équité.

> 2e DÉCAN

Uranus, qui est bien alignée avec vous depuis quelque temps reprend une marche directe, alors qu'elle rétrogradait depuis fin août de l'année dernière. Né après le 7 juillet, vous avez jusqu'à fin mai pour prendre ou reprendre votre indépendance, ou pour faire quelque chose par vous-même, en auto-entrepreneur par exemple. Mais vous pouvez vous réinventer d'une autre manière, bien sûr, selon votre thème. À partir du 24, après un passage en décembre, Mercure reviendra face à vous, en phase avec Uranus et d'ici le 11 février, vous pouvez vous attendre à une bonne nouvelle, et même à quelque chose de surprenant parfois.

> 3e DÉCAN

Saturne est la planète maîtresse du mois (jusqu'au 20), elle occupe actuellement votre secteur du travail et du quotidien. A priori, rien ne vous semble facile, vous avez le sentiment que les choses n'avancent pas, que vous avez des obstacles à chaque fois que vous prenez une initiative (autour du 20)... Soyez patient, Saturne quittera ce secteur en mars. Neptune est également en aspect avec vous et c'est un aspect réputé positif. Cependant, avec Neptune il faut toujours rester méfiant et prendre du recul car elle fait briller des promesses qui ne sont pas toujours tenues (semaine du 16 par exemple).

CÔTÉ CŒUR

Vénus va traverser le Verseau du 3 au 27 du mois, chaque décan à son tour. Ce n'est pas son séjour favori en ce qui concerne le Cancer car elle est dans un signe d'Air, très cérébral, or vous êtes un signe d'Eau, réceptif et émotif. Mais peut-être que Vénus va vous aider à rééquilibrer les choses, à être moins dans l'émotion justement, de manière à être plus objectif sur vos sentiments. Si vous êtes du 3e décan par exemple, vous vivez des amours fusionnelles, ou en tout cas ça y ressemble, et la présence de Vénus en Verseau vous aidera à un moment ou à un autre à sortir – peut-être provisoirement – de cet état fusionnel qui est bon dans les premiers temps de l'amour, et potentiellement destructeur par la suite.

COMMENT POSITIVER ?

Avec l'aide du Capricorne et qui représente éventuellement une personne qui vous aide, qui vous soutient et qui peut autant être un conjoint qu'un soignant, vous aurez plus de force. Disons que c'est un mois où l'union fera la force et que vous pourrez positiver grâce à l'une de vos relations, ou même à vos relations en général. Elles seront votre priorité et si vous avez besoin d'une présence rassurante, vous obtiendrez ce que vous voulez. Mais oubliez votre orgueil et demandez ce dont vous avez besoin.

À NOTER : la nouvelle Lune du 21 janvier, se forme dans le 1et décan du Verseau et influence votre 1et décan. Le Verseau a aussi pour mission de gérer vos finances, vos investissements dans ce domaine. On ne parle pas de votre salaire, mais de ce que l'argent peut vous rapporter ou de celui qu'on vous doit parce que vous avez vendu quelque chose par exemple. La Nouvelle Lune peut aussi représenter une négociation si vous êtes en train de vendre, ou de demander une aide sociale.

SIGNE DU MOIS: VERSEAU

> 1er DÉCAN

Vous conservez les influx dynamiques de Jupiter jusqu'au 20, à vous d'en profiter pour grimper dans la hiérarchie, obtenir une titularisation ou une quelconque reconnaissance (selon votre thème). Sinon, un problème peut se poser avec votre direction et vous inciter à vous imposer avec un peu trop de vigueur, ce qui pourrait se retourner contre vous. Par ailleurs, Mercure occupera votre secteur financier du 11 au 18 du mois et comme elle sera rapide, il faudra vous aussi être rapide pour réclamer un dû, un dédommagement par exemple, ou alors entamer une négociation en vue d'une vente, ou peut-être d'un achat. Mercure sera dopée par Jupiter la semaine du 13 : une chance ?

> 2e DÉCAN

Le Soleil et Mars seront parfaitement alignés, votre besoin d'entreprendre, de vous investir à fond dans votre business sera votre priorité entre le 30 janvier et le 9 du mois. Seul petit problème, Mars et Vénus seront fâchées la semaine du 6 et vous risquez d'être victime non consentante de la méchanceté de quelqu'un : cette personne ne ménagera absolument pas votre sensibilité et vous ne pourrez que subir étant donné que, d'une certaine manière, vous n'aurez pas le droit ou ne pourrez pas riposter. Mars restant encore dans l'ombre de votre signe jusqu'à début mars, votre intérêt est de faire le dos rond.

> 3e DÉCAN

Du 8 au 18, le Verseau donnera la priorité à vos négociations et à votre productivité. Elles seront parmi vos priorités et Pluton étant en train de terminer son opposition, vous n'aurez pas beaucoup d'obstacles, certains pourraient même se sentir libérés. Récupérer de l'argent qu'on vous doit, fixer le montant d'une rémunération ou le prix d'une vente, tels seront les événements de ce mois. Vous serez aidé par Mercure qui, entre le 3 et le 11 vous enverra de bons influx depuis le Capricorne. Quelqu'un vous prodiguera de bons conseils en vue de cette négociation, ou se proposera de se tenir à vos côtés le moment venu.

CÔTÉ CŒUR

Jusqu'au 20 Vénus naviguera chez vos amis Poissons, un de ses signes de prédilection. le 1^{et} décan reçoit ses bonnes vibrations depuis le 27 janvier et jusqu'au 4 février, une période où vous êtes en confiance avec l'être aimé, un voyage ayant pu vous rapprocher, à moins que vous ne vous passionniez pour les mêmes sujets. En fin de mois, vous serez fier de vous-même ou de la réussite de votre partenaire, voire d'un enfant.2e décan, du 4 au 12 février, vous recevrez ces mêmes bons influx de Vénus, en phase avec Uranus. Il s'agira pour vous d'un renouveau, d'un retour de flamme, ou d'un coup de cœur pour les célibataires ; quelqu'un d'origine étrangère ? Enfin du 12 au 20 février le 3e décan sera en phase avec Vénus et Neptune, une période fusionnelle pour les amoureux où vous aurez l'impression que vos sentiments vous élèvent l'âme.

COMMENT POSITIVER ?

Plus vous serez imprévisible, c'est-à-dire plus vous sortirez des sentiers battus et irez là où on ne vous attend pas, plus vous surprendrez les autres et aurez ainsi l'avantage sur eux. Et ce sera important pour vous, dans la situation qui est la vôtre, notamment si vous avez quelque chose à négocier. De la même manière si vous avez la moindre crise à gérer, même minime, vous pourrez positiver en faisant le contraire de ce qu'on attend de vous. Donc, soyez créatif !

À NOTER : la nouvelle Lune du 20 février aura lieu sur le 1er degré des Poissons et sera conjointe à Saturne qui entrera dans ce signe très bientôt, le 6 mars et sera en harmonie avec vous. Cette nouvelle Lune, qui fait la part belle au maître du signe, Jupiter, devrait être chanceuse pour les natifs de juin qui pourraient avoir atteint une stabilité, à la fois personnelle et professionnelle. Un CDI à l'horizon ?

SIGNE DU MOIS: POISSONS

> 1er DÉCAN

Le Soleil en Poissons ne vous regarde déjà plus en début de mois, mais c'est Mercure qui s'y colle entre le 2 et le 8. Votre machine à penser sera parfaitement huilée et si vous avez besoin d'obtenir un rendez-vous avec quelqu'un d'important, foncez ! Par ailleurs, Saturne entre en Poissons le 7, cela ne s'était pas produit depuis 1994 et elle sera en harmonie avec vous. Vous n'en prendrez pas conscience tout de suite, mais avec Saturne vous allez mûrir, prendre plus de responsabilités et surtout atteindre vos objectifs à force de travail et de persévérance. Au bout du compte, vous serez fier de vous.

> 2e DÉCAN

Du 8 au 15, vous recevrez un rapide bon aspect de Mercure en Poissons, qui sera en harmonie avec Jupiter et Uranus autour des 11, 12 mars. Vous saurez alors vous démarquer des autres, sortir de votre zone de confort pour avoir des idées originales et qui plairont. On pourrait même vous faire une proposition à laquelle vous ne vous attendiez pas ! Il est vrai que Jupiter a intégré le zénith de votre zodiaque, votre secteur de carrière, et que vous devriez progresser dans ce domaine. Peut-être changer de job pour quelque chose où vous aurez beaucoup plus de liberté. Né autour des 7, 8, 9 juillet, vous êtes le plus concerné.

> 3e DÉCAN

Vous êtes moins bien servi que les autres décans, il va falloir faire preuve de discernement et d'esprit critique tout au long de ce mois (enfin, du 4 au 25 précisément). En effet, Mars sera en Gémeaux, dans votre secteur 12 (passivité) et en dissonance avec la trompeuse Neptune qui, heureusement ne vous regarde pas de travers. Il s'agit d'une situation dont vous serez le témoin, le spectateur, et qui vous semblera bizarre. Ou alors, vous aurez l'impression qu'on prend les gens pour des idiots à vouloir leur faire croire que des choses ont été faites alors qu'elles ne l'ont pas été. Attention aussi aux erreurs de diagnostic.

CÔTÉ CŒUR

Jusqu'au 17, Vénus traversera le Bélier, elle y rencontrera Jupiter les premiers jours du mois, une conjoncture déjà active fin février. Il se peut que ça ne joue pas sur vos sentiments, mais plutôt sur votre amour-propre, sur le plaisir d'avoir réussi quelque chose, ou que l'un de vos proches ait eu un succès. S'il est question d'amour, ce sera un peu explosif ! Les uns feront une rapide rencontre qui ne durera que le temps que dure le désir, les autres, ceux qui sont en couple pourraient avoir un petit désaccord à gérer. Après le 17, Vénus sera chez elle en Taureau et vous n'en aurez que du plaisir.1[et] décan, vous pourrez consolider votre relation, ou vos relations amicales, en constatant que le temps leur a donné de solides racines.

COMMENT POSITIVER ?

Si vous utilisez l'intuition, la réceptivité et l'empathie des Poissons, vous ajouterez aux forces que vous possédez déjà un aspect encore plus humain. Et il est possible que ceux que vous côtoyez en aient besoin, que ce soit la meilleure manière de leur faire du bien. Vous positiverez aussi en privilégiant les pensées positives et en chassant toute vision pessimiste ou qui pourrait vous angoisser. En période Poissons, il faut prendre de la distance avec... vous-même.
À NOTER : la nouvelle Lune du 21 mars se forme dans le 1[et] décan du Bélier qui, vous le savez, gère vos priorités, qu'elles soient personnelles ou professionnelles (1[et] décan). C'est donc l'une d'entre elles qui sera éclairée par la nouvelle Lune. Peut-être aurez-vous l'idée d'un nouvel objectif et que ce sera un stimulant pour vous ? En tout cas non seulement cette Nouvelle Lune va dans ce sens, mais l'entrée de Saturne en Poissons aussi.

SIGNE DU MOIS: BÉLIER

> 1er DÉCAN

Mars occupera votre décan jusqu'au 14 avril. Son dernier passage chez vous date d'avril-mai 2021 et cette fois-ci la planète commence le mois en formant un bon aspect avec Saturne. Vous devriez donc être extrêmement déterminé et investi à fond dans un travail et vous ne lâcherez pas prise tant que vous n'aurez pas atteint votre objectif. Du 3 au 10, Mercure se rajoutera à la configuration et si vous avez besoin d'un coup de pouce, vous l'obtiendrez, une aide qui sera la bienvenue. Il faut savoir que selon votre thème, la présence de Mars chez vous peut également provoquer de la fièvre, ou des douleurs quelque part. Vous pouvez même vous faire mal vous-même !

> 2e DÉCAN

Vous aurez droit vous aussi à la conjonction de Mars avec votre Soleil entre le 14 avril et le 2 mai. Comme le 1et décan, vous déborderez d'énergie et de volonté d'atteindre vos buts, ou un but en particulier. Et comme Mars sera en phase avec Uranus en fin de mois, vous pourriez prendre une décision qui vous permettra d'arriver à vos fins deux fois plus vite que prévu. À moins que quelqu'un dont vous n'attendiez rien se propose de vous aider. Par ailleurs, vous recevrez aussi des influx de Mercure qui, pour une fois, ne sera pas rapide car elle va rétrograder. Elle sera en phase avec vous du 10 avril au 4 mai et, grâce à elle, ce ne sont pas les idées qui vous manqueront pour utiliser vos alliés.

> 3e DÉCAN

Jupiter atteint le zénith de votre zodiaque personnel et y restera jusqu'au 16 mai. Elle sera conjointe au Soleil du 5 au 20, ce qui ajoutera à votre rayonnement personnel ou professionnel. C'est ce domaine qui, a priori, vous donnera le plus de satisfaction car vous pourrez obtenir une promotion, une mutation, ou parfois une reconnaissance de la part de votre hiérarchie. Vous aurez en tout cas de bonnes raisons d'être fier de vous, de ce que vous avez entrepris et, peut-être, réussi (cela dépend de la position de Jupiter dans votre thème natal). Vous n'aurez pas les influx de Mercure, qui s'arrête et recule dans le 2e décan ; il faudra attendre non pas le mois prochain, mais le mois de juin pour avoir des nouvelles de Mercure et des nouveaux contacts qu'elle vous proposera.

CÔTÉ CŒUR

Dans le 3e décan de l'ami Taureau jusqu'au 11, Vénus regardera votre 3e décan et lui proposera un climat très amical, où l'entraide et la solidarité seront de rigueur. Vous trouverez votre plaisir en voyant plus souvent ceux sur qui vous savez pouvoir compter, d'autant plus qu'ils pourraient vous rendre des services. En couple, il peut y avoir un retour du désir et cela redonnera du tonus à votre relation. Après le 11, Vénus circulera en Gémeaux, votre secteur 12. Pour ceux qui s'aiment, c'est une configuration qui vous donnera envie de rester entre vous, de profiter davantage l'un de l'autre tout en vous protégeant du monde extérieur. Si vous êtes célibataire, vous pourriez flasher sur quelqu'un qui n'est pas libre, ou qui ne s'intéressera pas à vous. À moins que vous ne viviez une relation qui doit demeurer secrète.

COMMENT POSITIVER ?

En période Bélier, la meilleure manière de positiver c'est d'être le plus possible dans l'action. Plus vous prendrez les choses en main et ferez preuve d'autorité, mieux ce sera. Mais il faudra que vous soyez vigilant et que vous fassiez attention à ne pas vous montrer trop exigeant avec vos collaborateurs, vos enfants ou même votre partenaire. Vos proches doivent se sentent cadrés (vos enfants surtout), mais il ne faut pas que vous ne manquiez pas de douceur et de compréhension sinon cela se retournera contre vous.

À NOTER : une nouvelle Lune du Bélier déjà eu lieu le 21 mars, mais il y en a une seconde le 20 avril. Elle se situera sur le dernier degré du Bélier et sera conjointe à Jupiter, ce qui correspond à ceux qui sont nés autour du 21 juillet. De deux choses l'une : ou c'est un des temps forts de votre année parce que vous aurez réussi à atteindre l'un de vos objectifs (trouver un travail ?) ou au contraire vous pouvez avoir quelques soucis avec l'administration ou la loi parce que vous avez été trop autoritaire.

SIGNE DU MOIS: TAUREAU

> 1er DÉCAN

La bonne nouvelle de ce mois Taureau c'est l'entrée de JUPITER dans ce même signe, celui de Vénus et qui représente vos amitiés, vos alliances professionnelles ainsi que les projets que vous pouvez avoir en tête. Il semble aussi, que sous cette influence, vous aurez une vie sociale plus active, vous rencontrerez plus de gens ou vous engagerez dans un groupe d'entraide. À moins que ça ne soit vous qui en bénéficiez ! Par ailleurs, à partir du 15, Mercure reprendra une marche directe, en Taureau elle aussi, et sera en phase avec Saturne. Un lien amical ou professionnel peut être en train de grandir et de se consolider.

> 2e DÉCAN

Né en fin de décan, vers les 10, 11, 12 juillet, Uranus est encore en harmonie avec vous et sera activée par le Soleil vers les 8 et 9 du mois. C'est une bonne conjoncture, qui va toujours dans le même sens, celui qui vous pousse à vous libérer d'une tutelle pour devenir votre propre maître. Cela s'applique autant à votre vie privée qu'à votre vie professionnelle où vous pourriez réinventer votre activité. D'un autre côté, Mercure rétro sera en phase avec vous du 1er au 4, puis de nouveau en direct du 25 au 4 juin. Cette dernière phase sera la plus intéressante pour recevoir des documents dont vous avez besoin, pour obtenir de l'aide ou pour en donner.

> 3e DÉCAN

Derniers influx de Jupiter pour ceux nés après le 19, et ils ne seront plus actifs à partir du 16. D'ici là, comme le mois dernier, vous aurez éventuellement la possibilité de commencer un nouveau travail, d'obtenir une promotion, une mutation ou une reconnaissance. Mais cela dépend de votre thème natal, car il peut aussi être question d'un problème administratif. Et il risque en effet d'y avoir quelque chose de cet ordre, ou une injustice, Jupiter se trouvant en dissonance avec Pluton et le Soleil avec Mars. On peut penser que vous serez en colère, et très déterminé à faire valoir vos droits. Toutefois, cela devrait être assez rapidement derrière vous puisque les aspects ne sont pas durables.

CÔTÉ CŒUR

Jusqu'au 7, Vénus enverra des ondes à votre 3e décan. Vous devrez vous méfier de personnes trop séduisantes pour être honnêtes et d'une tendance à les idéaliser, pour finir par être déçu… Après le 7, bonne nouvelle, Vénus occupera votre signe.1et décan jusqu'au 16, 2e du 16 au 26,3e décan par la suite. Vous serez tous dans un climat assez romantique. La semaine du 22 verra Vénus s'allier avec Uranus et mettre une bonne dose de piment dans votre couple ; l'un de vous deux sera très… créatif sous la couette. Et si vous êtes célibataire, ce sera le bon moment pour tester les applications de rencontres, si vous ne l'avez pas déjà fait : vous avez des chances de vous trouver des affinités avec quelqu'un, notamment né autour du 12 juillet.

COMMENT POSITIVER ?

En période Taureau, tout devrait être positif tant que vous-même serez positif et apprécierez les bonnes choses de l'existence. Le plaisir, qui est le mot préféré du Taureau devrait être votre religion ce mois-ci, dans le sens où c'est ce qui vous reliera à la vie et aux autres. Bien évidemment, ça ne sera pas le nirvana 24/24, et tous les jours du mois, mais soyez à la recherche du moindre plaisir au lieu de vous inquiéter d'éventuels déplaisirs. Ce sera bon pour votre santé.

À NOTER : la nouvelle Lune du Taureau se fait le 19 dans le 3e décan du signe, en bon aspect avec Neptune. Si vous êtes né après le 18 juillet, vous serez très sensible à cette nouvelle Lune qui est assez forte pour donner un éclairage particulier à l'une de vos relations, amicales ou amoureuses. Il se pourrait d'ailleurs qu'un lien amical bascule tout doucement vers l'amour, mais que vous gardiez ces sentiments pour vous. Pour le moment.

SIGNE DU MOIS: GÉMEAUX

> 1er DÉCAN

Pas mal d'événements célestes pour votre décan ce mois-ci. Tout d'abord Jupiter est en Taureau depuis le mois dernier, une très bonne conjoncture pour vos projets de toute nature, ainsi que pour votre vie sociale en général. Il se peut que vous rencontriez quelqu'un d'important pour votre progression professionnelle ou personnelle. Mars sera également en relation avec vous mais seulement jusqu'au 7 : une contrariété financière est possible, vous dépenserez trop vite, sur un coup de cœur, et ne serez pas satisfait au bout du compte. Enfin Mercure en Gémeaux sera en dissonance avec Saturne du 11 au 17 et vous risquez d'avoir du mal à communiquer, voire à vous déplacer.

> 2e DÉCAN

Du 6 au 23, Mars vous enverra ses influx depuis le Lion, votre secteur d'argent, qui gère aussi vos possessions. Dans ce secteur, Mars peut vous inciter à être impulsif du côté des dépenses, comme des placements. Ne décidez de rien pour faire plaisir à l'un de vos proches par exemple, c'est votre argent, ne l'investissez pas n'importe comment par esprit de famille par exemple. Par ailleurs, du 17 au 22, Mercure occupera votre signe d'ombre, les Gémeaux, ce qui risque de vous rendre plus influençable que d'habitude. Étant donné que vous n'aurez pas de certitudes à propos de cette histoire d'argent ou de votre relation avec un proche, vous serez un peu trop sensible aux conseils qu'on vous donnera.

> 3e DÉCAN

À partir du 23 et jusqu'au 10 juillet, ce sera à votre tour de recevoir les énergies de Mars, en mauvaise posture déjà depuis le 20 et encore jusqu'à la fin du mois à peu près. En effet, la planète qui sera dans votre secteur d'argent recevra une dissonance d'Uranus qui accentuera votre impatience à obtenir à tout prix ce que vous désirez : « quoi qu'il vous en coûte ». Mais attention, vous ne ferez pas forcément une bonne affaire. Même chose si vous devez réclamer de l'argent, ne soyez surtout pas dans l'émotion, dans l'impatience, vous tiendriez des propos qui pourraient paraître exagérés (du 22 au 28) et qui feront mauvaise impression à vos interlocuteurs.

CÔTÉ CŒUR

Vénus entame un long périple en Lion où elle entre le 5 et elle n'en ressortira pas avant le 9 octobre ! Ce mois-ci, elle sera en marche directe et traversera les deux premiers décans du signe, correspondant donc à vos deux premiers décans (le 1er jusqu'au 16). Valorisée en Lion, Vénus l'est également dans le secteur qu'elle occupe et qui parle autant d'amour que d'argent. Suivant votre thème, c'est l'un ou l'autre des domaines qui sera concerné. Quoi qu'il en soit, il y a une notion d'acquisition : matérielle pour les uns (et dont vous serez content), alors que les autres peuvent faire une rencontre et être « possédés » par l'amour qu'ils recevront. Si vous êtes déjà en couple, vos sentiments et vos plaisirs seront décuplés par cette conjoncture, mais gare aux élans de jalousie.

COMMENT POSITIVER ?

N'hésitez pas à emprunter au Gémeaux sa fameuse curiosité et sa rapidité d'esprit, cela vous permettra de déjouer les manœuvres de certains manipulateurs. Nous en rencontrons tous les jours dans le monde du travail, et si vous bossez, vous n'y échapperez pas ! Mais en étant vigilant (qualité Gémeaux également) vous aurez en tout cas la possibilité d'y voir un peu plus clair et si vous laissez de la place à votre intuition, ce sera encore mieux !

À NOTER : la nouvelle Lune des Gémeaux se fera le 18 dans le 3e décan du signe, en relation avec votre 3e décan, et sera en dissonance pratiquement exacte avec Neptune. Donc si vous êtes en affaire à ce moment-là, ou si vous pensez/croyez qu'une promesse va être tenue, il faut vous attendre à une déception. Mais il ne faut pas non plus que vous dramatisiez car il est très possible qu'il s'agisse simplement d'un petit mensonge que vous aura fait l'un de vos enfants. Prenez du recul.

SIGNE DU MOIS: CANCER

> 1er DÉCAN

C'est Mars qui sera en phase avec vous ce mois-ci, à partir du 10 et jusqu'au 26. De passage en Vierge, elle occupera un secteur qui parle de mobilité, autant physique qu'intellectuelle. C'est-à-dire que si vous êtes en vacances, vous bougerez beaucoup, ferez plein d'activités qui auront parfois un côté culturel, mais que vous apprécierez beaucoup. En revanche, côté relations, il y aura quelques tensions dans l'air, probablement à cause de l'un de vos proches ou d'un enfant, qui vous demandera une attention constante. Et si vous êtes en vacances, ça ne sera pas vraiment très reposant !

> 2e DÉCAN

Vous commencez le mois avec Mercure dans votre décan jusqu'au 6 : profitez-en pour faire du shopping (soldes ?) et acheter ce qu'il faut si vous partez bientôt en vacances. Mais vous pouvez aussi recevoir une somme que vous attendiez. Du 16 au 22, vous aurez des discussions à n'en plus finir avec un proche qui vous soutiendra que vous avez tort et qu'il a raison. Et vous n'aurez pas envie de croiser le fer, vous le/la laisserez parler et vous aurez raison. À partir du 23, Jupiter vous enverra de bons influx, très favorables à vos projets, qu'ils soient personnels (voyages) ou professionnels.

> 3e DÉCAN

Du 1er au 10, vous recevrez des influx de Mars depuis votre secteur 12, a priori, vous n'aurez pas trop la niaque mais vous ne pourrez pas encore vous reposer, il faudra respecter vos engagements et ne pas lâcher prise. Cependant, il est possible que vous ayez d'autres soucis en tête, pas pour vous mais pour l'un de vos proches. Heureusement, du 6 au 11, vous disposerez d'un rapide passage de Mercure chez vous, en phase avec Neptune : vos intuitions et pressentiments seront excellents, vous pourrez vous fier à ce que vous « sentirez » plus qu'à ce que la raison vous dictera.

CÔTÉ CŒUR

Vénus est toujours en Lion, elle va stationner dans le 3e décan du signe ce mois-ci, et rétrogradera le 23, tout en restant dans ce même décan, qui représente ceux à qui vous êtes le plus attaché, ceux qui comptent le plus à vos yeux. Évidemment, le fait qu'elle soit en dissonance avec Uranus en début de mois ne vous plaira pas car la situation d'une personne que vous aimez provoquera en vous de l'anxiété. Vous vous demanderez ce qu'il va lui arriver et votre volonté de l'aider se heurtera à un refus : il ou elle veut se débrouiller seul/e ! Ce sera limite vexant pour vous, qui savez que vous êtes de bon conseil. Célibataire, si vous rencontrez quelqu'un, surtout ne vous attachez pas trop vite, prenez votre temps.

COMMENT POSITIVER ?

En étant tout simplement vous-même. Après tout, les qualités et défauts de votre signe sont en vedette en ce mois anniversaire (jusqu'au 23) et c'est vraiment le moment de laisser votre nature s'exprimer. N'essayez pas de jouer un rôle pour ne montrer que les meilleurs aspects de vous-même, par exemple. Ne craignez pas de déplaire si vous ne correspondez pas l'image idéale que vous voudriez qu'on se fasse de vous.
À NOTER : la nouvelle Lune de votre signe se tient le 17 dans votre 3e décan, et forme un bon aspect avec Uranus qui décuple votre désir de vous défaire de vos contraintes ou d'une dépendance pour exister par vous-même, sans avoir de comptes à rendre à personne. C'est ce que vous êtes en train de faire ou que vous projetez de faire, et croyez-moi, cela va changer beaucoup de choses dans votre vie !

SIGNE DU MOIS: LION

> 1er DÉCAN

Vous aurez une longue plage de tranquillité, où les plaisirs et les loisirs rempliront votre quotidien, mais vous aurez une contrariété en début de mois. Ce sera rapide : Mercure en Vierge, dans votre secteur des déplacements, sera en dissonance avec Saturne, ce qui aura pour effet de vous ralentir. Retarder votre départ ? Bloqué dans la circulation ? Rien de grave, juste de quoi vous énerver et après tout se passera bien jusqu'à l'arrivée de Mars en Balance, mais pas avant le 27 août. Rentrer chez vous ne vous fera pas plaisir, alors que d'habitude vous adorez retrouver votre maison.

> 2e DÉCAN

Ce mois de vacances devrait être sans accroc, on a beau scruter le ciel, il n'y a apparemment aucune dissonance sur votre décan (voir votre ascendant). Et il y a même de bons aspects, en particulier entre Mars et Jupiter, puis entre Mercure et Jupiter. Si vous êtes timide de nature, vos inhibitions auront tendance à fondre sous le soleil et vous vous affirmerez avec force. Vous aurez des convictions et vous parviendrez à les partager avec ceux qui vous entourent, vous faisant ainsi de bonnes relations (nouvelles pour la plupart). En outre, si vous vous mettez au sport, vous ne lâcherez pas prise et vous pourrez être content de vous au final.

> 3e DÉCAN

Du 11 au 27, ce sera à votre tour de recevoir de bonnes ondes de Mars en Vierge, des influx dynamiques qui vous stimuleront pour aller vers les autres et faire de nouvelles connaissances, où que vous soyez. Le seul problème ce sont les aspects formés par Mars, l'un dissonant avec Neptune, l'autre positif avec Pluton. Mars et Neptune, c'est vraiment l'association de la force et de la faiblesse, de l'action face à l'inaction, de la franchise face à la fourberie. Il faudra juste être vigilant, ceux que vous rencontrerez ne seront pas tous clairs et nets. Mais justement, vous ne vous y tromperez pas et vous ferez ce qu'il faut pour ne pas vous faire avoir.

CÔTÉ CŒUR

Vénus sera rétrograde tout le mois, dans le 3e décan du Lion jusqu'au 14, puis dans le 2e par la suite. Pour le 1et décan, Saturne étant en bon aspect, on peut penser que votre couple est solide et que vous vous sentirez sécurisé par votre relation. Pour les autres, avec cette Vénus rétrograde en Lion, celui ou celle qui est censé être attaché à vous ne vous semblera pas aussi fiable que vous l'espérez, surtout la semaine du 7 où Vénus sera en dissonance avec Uranus. Vous serez très momentanément déstabilisé par des pensées auxquelles vous ne devriez pas accorder trop d'importance parce qu'elles seront influencées par vos peurs et non par une réalité. Vous pourriez vous mettre en tête quelque chose qui n'existe pas.

COMMENT POSITIVER ?

Sans vous mettre sans cesse sur votre trente et un, il sera important que vous présentiez une bonne image de vous, que vous soyez fier de votre physique. Cela ne vous demandera pas énormément d'efforts, il faudra juste mettre vos avantages – quels qu'ils soient – en valeur. Ce sera la meilleure manière de vous sentir plus sûr de vous et, finalement, d'impressionner les autres. Si vous n'aimez pas votre image, cela gâchera les bons moments.

À NOTER : la nouvelle Lune du 16 août sera en relation avec votre 3e décan, mais en dissonance exacte avec Uranus. Cette conjoncture est difficile à interpréter car, pour vous, Uranus est positive… Peut-être y aura-t-il simplement un petit imprévu, quelque chose d'inattendu et qui dérangera provisoirement la tranquillité de vos journées. Un événement lié à l'écologie, une tempête quelque part ? Et sur le plan personnel, quelque chose qui sera lié à vos finances ?

Septembre

SIGNE DU MOIS: VIERGE

> 1er DÉCAN

Une rentrée très dynamique étant donné que vous recevez un aspect de Mars en Balance. Vous aurez certainement quelques choix un peu difficiles à faire et vous serez très hésitant. Ces choix pourraient porter sur votre logement : effectuer des travaux, déménager ? Ou sur un membre de votre famille avec qui la relation semble tendue. Du 10 au 20, vous serez aidé dans vos choix par Mercure, bien placée mais rétrograde en Vierge. Toutefois, à partir du 16 elle reprendra une marche directe et vous serez alors plus sûr de vos idées, de ce que vous voulez, ou c'est l'un de vos proches qui se révélera d'excellent conseil.

> 2e DÉCAN

Vous recevrez tout d'abord les influx de Mercure rétrograde du 1er au 10. Une période où vous réfléchirez beaucoup et où vous aurez une charge mentale un peu plus lourde car vous ne parviendrez pas à vous débarrasser des problèmes les uns après les autres (le plus souvent des détails). Ils auront tendance à s'accumuler ! Ça se dégagera après le 16. Du 12 au 27, vous recevrez un aspect dynamique de Mars en Balance et si vous avez quelque chose à entreprendre, vous hésiterez sur la manière de vous y prendre. Mais une question touchant votre logement ou la famille peut aussi vous contrarier.

> 3e DÉCAN

Vous ne recevrez les influx de Mars, remuants sur le plan émotionnel, qu'à partir du 27, mais ils seront plus forts début octobre, nous en reparlerons le mois prochain. Ce mois-ci, si vous êtes né autour du 19 juillet, Neptune stationne en bon aspect avec vous et ce sera activé par le Soleil les 18 et 19 septembre. Vous vous sentirez alors bien relié aux autres, accepté pour ce que vous êtes et pour les idées, les opinions qui sont les vôtres. Vous pourrez d'ailleurs les exprimer à qui veut l'entendre et personne ne vous critiquera, même si le Soleil en Vierge a tendance à valoriser l'esprit critique.

CÔTÉ CŒUR

Vous le savez, cela dure depuis un certain temps, Vénus fait des allers et retours en Lion, le secteur 2 de votre zodiaque, celui qui représente vos besoins primaires, mais aussi votre façon de vous attacher aux autres. La planète commence le mois dans le 2e décan du Lion, en rapport avec votre 2e décan et reprend enfin une marche directe le 4. Vous pourrez obtenir qu'on s'occupe de vous comme vous le méritez et qu'on respecte votre besoin d'amour et de sécurité. Vénus repassera par le 3e décan à partir du 25 et sera alors en dissonance avec Uranus. Si votre chéri/e ne vous surprend pas avec un petit cadeau, on peut penser que c'est plutôt du côté des finances que vous aurez cette surprise.

COMMENT POSITIVER ?

Vous ne rencontrerez aucune difficulté à chiper à la Vierge sa curiosité, son sens de l'humour et son besoin d'apprendre. Ce sont vos meilleurs atouts pour briller ce mois-ci et montrer aux autres ce que vous valez. N'oubliez pas non plus que la Vierge possède un formidable sens critique et que si vous en avez un vous aussi, il n'est peut-être pas aussi fort que celui de la Vierge. Aussi, face à la dissonance Soleil/Neptune des 18, 19, cet esprit critique renforcé vous sera très utile.

À NOTER : la nouvelle Lune a lieu le 15 septembre dans le 3e décan de la Vierge et regarde donc votre 3e décan. De plus, elle forme un très bon aspect avec Uranus et si vous êtes né autour du 15 juillet, vous pourrez faire progresser le projet que vous avez en tête, ou même le mettre en pratique. Il est sûrement déjà bien avancé, nous en avons beaucoup parlé, mail il y a encore quelques étapes à franchir.

SIGNE DU MOIS: BALANCE

> 1er DÉCAN

Un bon aspect de Mars vous stimulera entre le 12 et le 26. La planète entrera le 12 en Scorpion, où elle est particulièrement forte et vous aurez alors de l'énergie à revendre. Vos volontés seront très fermes, personne ne pourra vous faire changer d'avis quand vous aurez pris une décision. Il se trouve que, justement, vous entreprendrez quelque chose et vous aurez à défendre votre projet lorsque Mercure passera elle aussi par le Scorpion entre le 22 et le 28. Vous serez convaincant parce que vous aurez des arguments béton et que vous les imposerez de manière subtile, sans avoir l'air d'y toucher.

> 2e DÉCAN

La Balance vous influencera plus que les autres, d'abord par le Soleil du 3 au 13 et aussi par Mercure du 10 au 16. La Balance est un secteur clé de votre thème puisqu'il gère votre vie intime, la famille, la maison, votre passé. Il y aura forcément, à un moment ou à un autre, quelqu'un de votre passé qui se manifestera, peut-être quelqu'un avec qui vous étiez en froid et qui reviendra vers vous... Mais, par ailleurs, la vie à la maison sera une priorité, vous vous organiserez pour y être plus souvent, surtout si vous songez à effectuer des travaux de rénovation. Et comme Mars vous regardera après le 26, il se peut que vous vous y mettiez vous-même.

> 3e DÉCAN

Du 1er au 5, vous recevrez un rapide aspect de Mercure mais il ne vous est pas conseillé d'avoir une explication durant cette période car votre interlocuteur ne vous dira pas la vérité, que ce soit par timidité ou parce qu'il/elle cherchera à vous cacher quelque chose. En même temps, du 1er au 11, Mars occupera la Balance (signe du mois, donc plus fort) et il se peut que quelque chose cloche au boulot, que vous soyez en froid avec un supérieur, peut-être celui qui cherchera à vous faire des cachotteries, qui sait ? Toutefois, il peut aussi y avoir un petit souci dans la maison, une fuite par exemple.

CÔTÉ CŒUR

3e décan, vous recevrez encore les influx de Vénus en Lion jusqu'au 9, mais rien de nouveau par rapport au mois précédent... sauf qu'à la fin du signe elle sera opposée à Saturne et si vous êtes né après le 20, vous pourriez en avoir des échos précisément autour du 9 : sentiment de manque, perte d'un objet, frustration parce que celui/celle que vous aimez sera absent/e... Même schéma pour le 1et décan, toujours autour du 9. Par la suite, Vénus en Vierge valorisera votre relation avec celui ou celle que vous aimez, vous aurez les mêmes centres d'intérêt et serez d'accord sur beaucoup de sujets. Le week-end du 21 devrait être particulièrement agréable et chaleureux, peut-être grâce à une petite fête ? Certains célibataires pourraient faire une rencontre.

COMMENT POSITIVER ?

Essayez de bien canaliser votre nature émotive et trop sensible, de manière à ce qu'elle ne parasite pas vos relations, surtout celles qui sont de nature professionnelle ou sociale. Vous sentirez d'ailleurs que vous êtes plus à fleur de peau et cela ne vous donnera pas envie de sortir et d'aller vers les autres. Sauf que dans le cadre du travail vous y serez obligé, mais vous saurez ne pas faire de sentiment ! Et s'il y a un conflit, vous devrez veiller à ne pas en exagérer l'importance.
À NOTER : la nouvelle Lune du 14 se forme dans le 3e décan de la Balance et éclaire fortement votre secteur intime, familial, symbole de la maison et de vos racines. Mais le passé lui appartient également, aussi est-il possible qu'il se manifeste autour de cette nouvelle Lune par le retour de quelqu'un que vous n'avez pas vu depuis longtemps. Un proche, et même parfois l'un ou l'une de vos ex. Et comme vous serez très émotif, cela peut provoquer des remous en vous.

Décembre

SIGNE DU MOIS: SAGITTAIRE

> 1er DÉCAN

Mercure entame une boucle face à vous, en Capricorne et elle va stationner puis rétrograder le 13, alors qu'elle sera face au Soleil des natifs du 30 juin. Vous avez certainement quelque chose à demander, une démarche à faire, ou une négociation à conclure, mais avec l'arrêt et la rétrogradation de Mercure cela prendra plus de temps que prévu. Cela ne se fera que dans la seconde partie de janvier. Par ailleurs, beaucoup de travail avec Mars dans le secteur qui le représente, mais rien de plus normal en cette période de l'année où vous devrez être multitâches pour faire tout ce que vous prévoyez de faire.

> 2e DÉCAN

Les influx du Soleil en Sagittaire seront actifs du 2 au 12, alors que ceux de Mars le seront du 8 au 22. En conséquence, c'est presque tout le mois qui verra le travail, ou vos activités quotidiennes, prendre plus d'importance que les autres domaines. Et avec ces deux planètes de Feu, vous y mettrez toute votre énergie ! Au point que vous serez épuisé quand vous rentrerez chez vous le soir. Cela dit, pour certains, il y aura une visite de contrôle chez le médecin, et si vous n'êtes pas en forme demandez-lui de vous prescrire des vitamines de manière à affronter l'hiver (et la nouvelle année) avec une belle énergie.

> 3e DÉCAN

Vous avez très peu de planètes dans votre ciel, en tout cas une grande partie du mois. Ce n'est qu'à partir du 22 que Mars vous regardera depuis le Sagittaire, la planète étant accompagnée par Mercure pendant les fêtes. Ce qui signifie que vous aurez beaucoup à faire et que vous aurez besoin d'aide, mais vos proches ne seront pas toujours très volontaires pour vous seconder. Même chose au travail. Du coup, vous ne serez pas d'une humeur de rêve, précisément au moment des fêtes. De plus, Mercure étant rétrograde, vous attendrez peut-être que l'un de vos proches se manifeste et il ou elle ne le fera pas, en tout cas pas avant janvier.

CÔTÉ CŒUR

La conjoncture est bien plus agréable et chaleureuse dans ce domaine car Vénus va occuper votre ami Scorpion pratiquement tout le mois (jusqu'au 29). 1[et] décan du 4 au 13, 2e du 13 au 21,3[e] décan du 21 au 29. Pour le 1[et] décan, elle est en bon aspect avec Saturne et vous donne le sentiment d'être stable, que votre relation (si relation il y a) est solide et durable. Et si vous êtes célibataire, une rencontre est possible mais avec quelqu'un de plus âgé que vous. Pas d'aspect sur Vénus pour le 2e décan, l'élu/e de votre cœur ne sera peut-être pas très démonstratif mais cela ne l'empêchera pas d'avoir des sentiments profonds ; vous ne le verrez pas, vous le ressentirez.3e décan, Vénus sera en harmonie avec Neptune le week-end du 23, un moment de bien-être, de détente (vous en avez besoin), ou de belle synchronicité avec l'autre.

COMMENT POSITIVER ?

En boostant votre optimisme. Vous ne l'êtes pas toujours mais ce mois-ci, il faut que vous en empruntiez au Sagittaire qui en a toujours de trop ! Vous en aurez besoin pour venir à bout de tout ce que vous aurez à faire et surtout pour ne pas trop vous énerver quand vous constaterez que vous n'êtes pas très aidé par vos proches ou collègues. Et puis aussi, faites comme le Sagittaire, ne regardez pas les détails de trop près : contentez-vous de l'ensemble.

À NOTER : la nouvelle Lune du 12 décembre envoie des influx à votre 3e décan, elle est en dissonance avec Neptune, ce qui n'exercera pas une influence très forte sur vous, vu que Neptune est en harmonie. Il se peut juste que vous soyez plus distrait, plus « dans la lune », simplement parce que vous aurez besoin de vous évader d'un quotidien que vous trouverez un peu trop agaçant, parce que trop énergivore et trop chronophage.

PARTIE II

Votre SIGNE astrologique

Vous êtes un signe d'Eau, froid et humide, féminin et rêveur. Le Soleil traverse votre signe du 21/22 juin au 22 juillet et il est dit cardinal parce qu'il se situe à un changement de saison, comme les signes du Bélier, de la Balance et du Capricorne. Affectueux, émotif et sensible, vous disposez d'un imaginaire extrêmement coloré et d'une intuition remarquable. Vous avez le don de sentir les ambiances et faites preuve d'une grande perspicacité. Votre ténacité et votre courage face aux difficultés vous permettent de construire la famille ou la vie dont vous rêvez et de vous montrer protecteur avec ceux que vous aimez. L'image de la mère a une grande importance pour vous. On vous reprochera souvent vos fréquents changements d'humeur, votre susceptibilité et des comportements parfois infantiles. De même qu'une insécurité et une inquiétude permanentes, que vous projetez sur les autres en vous angoissant à leur place. Vous pouvez également manquer d'autonomie (dépendance à la famille, au clan) et faire preuve de passivité, comme les autres signes d'Eau (Poissons, Scorpion).La santé fait partie de vos inquiétudes quotidiennes : vous avez tendance à l'hypocondrie. Et comme vous vous faites facilement du souci, votre estomac et votre digestion en prennent un coup. De même que votre vessie !

Vous devez accorder une importance particulière à la position et aux aspects de la Lune dans votre thème.

> À L'ORIGINE

Quand on s'intéresse à l'astrologie, on ne peut ignorer qu'elle fonctionne par analogies et qu'elle doit beaucoup à la mythologie. Dans sa symbolique, le Cancer est associé à l'eau, source de vie, et tous les mythes qui parlent de création du monde, de « mer et mère originelles » lui correspondent. Le chaos originel est également attribué au Cancer, la « source primordiale d'où naîtront les dieux, les hommes et les civilisations ». (Joëlle de Gravelaine, *Dieux et héros du zodiaque*, Robert Laffont, 1996.)On pense, par ailleurs, que le signe du Cancer est né à Babylone. Il était aussi associé à des tortues jumelles en Égypte, où Thot (entre autres attributions) était le dieu de l'astronomie, gouvernant toutes les constellations !La Lune appartenant au Cancer, on y associera également la légende de Séléné, déesse Lune et sœur d'Hélios, le Soleil (qui appartient au signe voisin, le Lion). Dans la nuit, ses cheveux d'argent brillent et lorsqu'elle se cache, elle provoque des éclipses de lune... (Ibid.)

> VOTRE PROFIL PSYCHOLOGIQUE

Chaque signe a sa façon bien à lui d'exister et possède ses propres compétences. Si vous êtes Cancer, c'est parce que, au moment où vous avez vu le jour, le Soleil traversait le signe du Cancer. Ce qui ne signifie pas que votre personnalité dans son ensemble en soit marquée. Les autres planètes occupaient d'autres signes, qui représentent d'autres champs de compétences susceptibles de servir votre nature Cancer. Le Soleil est ce vers quoi nous tendons, ce que nous nous proposons de réaliser, notre idéal. Dans votre signe, il représente la capacité de créer des représentations psychiques, des images à partir de la réalité extérieure. Elle permet par exemple au bébé de supporter l'absence de sa mère : angoissé, il apprend alors à aménager la frustration de la séparation en se représentant celle qui lui manque. Cette créativité est très développée chez le Cancer, c'est pourquoi l'on dit souvent que c'est quelqu'un qui rêve sa vie, plus qu'il ne vit ses rêves. Toutefois, bien canalisée, cette tendance donne des écrivains en veine d'inspiration, des poètes, des hommes d'affaires bourrés d'idées... Mais vous avez du mal à éviter l'inquiétude, voire l'insécurité liées à l'absence. Parallèlement, suivant le rythme des saisons, le Cancer est le point culminant de l'année. Le jour le plus long rencontre la nuit la plus courte. Mais se produit alors une inversion : le Soleil arrête sa course vers le nord et les couchers de soleil commencent à s'infléchir vers le sud. Il y a une brève pause où toutes choses changent de polarité. (Dane Rudhyar, *Le Rythme du zodiaque*, Éd. du Rocher, 1997.) C'est la raison pour laquelle, très « météo-sensible », le Cancer peut paraître capricieux, changeant, fantasque. La saison autant que son gouverneur, la Lune, l'y prédisposent. Enfin se pose la question de la mémoire et du souvenir. Si l'on attribue une aussi bonne mémoire au Cancer, c'est parce que son psychisme se construit non seulement autour des images engrangées, mais également autour des odeurs, des sons, de la texture des choses et de leur évocation. Comme dans l'expérience de la madeleine de Proust (un génial Cancer). Le risque en est cependant de priver le présent de sa saveur.

> VOTRE VIE PROFESSIONNELLE

Même si vous adorez votre famille et vous révélez souvent casanier, vous n'en êtes pas moins travailleur et déterminé à réussir. La ténacité et la volonté sont vos meilleurs atouts et vous serez totalement à votre aise dans une structure familiale, une entreprise qui aura été créée par vos parents, ou qui aura une ambiance très familiale, avec un patron investi du rôle de « patriarche ». La sécurité de l'emploi sera également importante, dans la mesure où vous avez besoin de vous inscrire dans une continuité ; ce qui ne vous empêche pas d'aimer la diversité et de souhaiter évoluer à des postes différents au sein de l'entreprise. Votre sens des affaires n'est plus à vanter, il est fait d'instinct et d'une bonne dose d'intuition. Mais vous aimez aussi éduquer, nourrir, et tout ce qui touche aux enfants vous permet de vous épanouir. Toutefois, là où vous pouvez vraiment donner le maximum, c'est dans les activités qui font appel à votre imaginaire, et même à la mémoire : historien, antiquaire, conservateur, par exemple. La réalisation de vos aspirations a souvent plus d'importance que la réussite en elle-même, mais vous ne dédaignez pas la contrepartie matérielle de votre travail. Bien au contraire !

> VOS DOMAINES DE PRÉDILECTION

Quand vous n'intégrez pas la fonction publique, ou une entreprise dans laquelle vous pouvez évoluer, vous pouvez être historien, romancier, navigateur bien sûr... Les affaires commerciales sont aussi souvent votre premier choix, de même que l'alimentation, le commerce de liquides. Mais les occupations qui vous mettent au contact du public ont également quelques adeptes, car il y a souvent une histoire d'amour entre vous et les médias.

> VOTRE PROFIL AMOUREUX

Vous êtes le partenaire le plus affectueux qui soit, le plus tendre, le plus sentimental. Émotif et sensible, vous vibrez à fond avec celui ou celle que vous aimez et quand vous n'avez personne dans votre vie, vous rêvez pendant des heures au grand amour. Mais votre inquiétude s'exprime souvent sans limite aucune dans la relation de couple et en arrive à l'envahir, provoquant ainsi des tensions nuisibles à son équilibre. Pour que vous vous sentiez bien, il faudrait que l'autre soit sans cesse près de vous ou que vous puissiez suivre son itinéraire pas à pas tout au long de la journée. Il faudrait également qu'il soit un livre ouvert, pour que vous soyez rassuré sur ses sentiments. Bref, vous pouvez être très envahissant ! Capable d'une grande générosité, vous n'avez pas votre pareil pour gâter l'objet de votre flamme et lui donner l'impression que c'est tous les jours Noël ! Mais il doit toutefois supporter vos changements d'humeur et des bouderies apparemment dénuées de sens (pour lui, en tout cas). Vous êtes par ailleurs un partenaire extrêmement sensuel, mais si vous avez l'impression que l'autre vous désire un peu moins, vous réagissez de manière disproportionnée !

> VOTRE VITALITÉ

Votre sensibilité et votre émotivité ne peuvent qu'avoir des répercussions sur votre corps, et de tous les signes du zodiaque, vous êtes l'un des plus hypocondriaques ! Il est fréquent, pour un Cancer, de développer un ulcère à l'estomac, tant il s'angoisse facilement... Et tout son système digestif peut être perturbé par une simple contrariété ! Vous devez donc, avant tout, prendre soin de votre psychisme et essayer de canaliser vos inquiétudes. Vous raisonner n'est pas toujours suffisant, et vous serez nombreux à recourir aux services d'un psychologue. Les thérapies comportementales, cognitives, le rêve éveillé, obtiendront également de bons résultats. Par ailleurs, votre forme physique quotidienne sera souvent influencée par celle des personnes qui vous entourent, tant vous êtes en phase avec elles !C'est une forme de dépendance, bien sûr, et vous gagneriez à vous en dégager. Faire du sport, et en particulier de la natation, sera également un bienfait dans la mesure où cela vous permettra de canaliser votre énergie physique et mentale.

> VOS PRÉFÉRENCES ALIMENTAIRES

Fin cuisinier, vous adorez manger. Certains aliments ont votre faveur parce qu'ils évoquent des souvenirs agréables. Mais vous repérez rapidement que votre système digestif ne supporte pas tout, et votre intérêt est de respecter une hygiène alimentaire qui privilégiera le poisson et les produits laitiers, si vous n'y êtes pas allergique bien sûr. Attention aussi aux sucreries, dont vous aurez tendance à abuser, tellement elles sont tentantes et associées à la sécurité, au bien-être de l'enfance. Veillez à ne jamais surcharger votre estomac, quitte à faire plusieurs petits repas par jour.

> ANALOGIES DU CANCER

• **Zones du corps :** l'appareil digestif, la poitrine. Les femmes doivent donc surveiller leurs seins... Mais il n'y a pas plus de cancers chez les Cancer que chez les autres signes !
• **Planète maîtresse :** la Lune. L'astre de la nuit est installé en Cancer, marquant de son empreinte émotionnelle la personnalité du signe. C'est elle qui vous donne votre caractère fantasque, vos fréquents changements d'humeur, vos côtés infantiles.
• **Planète exaltée :** Jupiter. La géante du système solaire est exaltée dans votre signe, ce qui met l'accent sur les lois sociales et le principe d'intégration symbolisés par le personnage du père. Celui-ci, ou la mère si le père était absent, joue un rôle primordial dans la vie de tout Cancer qui se respecte.
• **Planète en exil :** Saturne. La planète liée à la réalité et à ses frustrations incontournables est en exil dans votre signe. Aussi, pour

vous épanouir, est-il indispensable d'accepter et d'intégrer la frustration des besoins et des désirs encore infantiles.

• **Planète en chute :** Mars. La planète de l'agressivité est en chute en Cancer, mais cela ne veut pas dire que vous manquiez d'agressivité, au contraire. Mars est directement liée aux instincts, aux émotions et à une phase du développement que vous avez peut-être mal traversée : l'œdipe.

• **Plantes :** la rose blanche, le lis, le volubilis, le géranium, le chou, le navet.

• **Couleurs :** celles de la Lune. Nuances de bleu, d'acier, de gris et d'argent.

• **Pays et villes :** Pays-Bas, Grande-Bretagne (Écosse), Afrique du Nord, Algérie, Amsterdam, Tokyo, New York, Milan, Venise, Tunis, Alger.

• **Animaux :** toute créature protégée par une carapace : les crabes, les tortues, etc.

> CANCER CÉLÈBRES

Victoria Abril, Isabelle Adjani, Pamela Anderson, Sabine Azéma, Fabien Barthez, Nathalie Baye, Claude Berri, Dany Boon, Gisele Bündchen, Doc Gyneco, Flavie Flament, Marc-Olivier Fogiel, Charlotte Gainsbourg, Garou, Angelica Huston, Irène Jacob, Lionel Jospin, Claire Keim, Nicole Kidman, Diane Kruger, Cyndi Lauper, Carl Lewis, Vincent Lindon, Courtney Love, Nelson Mandela, Mireille Mathieu, Mimie Mathy, Amélie Mauresmo, Eddy Mitchell, Camilla Parker-Bowles, Florence Pernel, Pierre Perret, Jacques Perrin, Michel Polnareff, Line Renaud, Robin Renucci, Ludivine Sagnier, Henri Salvador, Emmanuelle Seigner, Sim, William Sheller, Anne Sinclair, Sylvester Stallone, Meryl Streep, le prince William d'Angleterre, Jean Yanne, Zinedine Zidane.

Votre ascendant

L'ascendant, ou Maison I, est calculé d'après votre heure de naissance et représente le point qui se lève à l'horizon au moment où vous voyez le jour. C'est-à-dire que si vous naissez à l'heure où le Soleil se lève, votre signe et votre ascendant sont les mêmes. Ensuite, l'ascendant se décale d'un signe toutes les deux heures sur la roue du zodiaque, dans le sens inverse des aiguilles d'une montre. Au contraire du Soleil, qui vous renseigne sur l'aspect dominant de votre personnalité, sur l'image idéale que vous voulez montrer de vous-même, l'ascendant représente vos comportements relationnels, la façon dont votre Moi s'est construit et dont vous utilisez votre potentiel.

Pour calculer votre ascendant: twelv.love

ASCENDANT BÉLIER

Ces deux signes de changement de saison, extrêmement réactifs, indiquent une personnalité dotée d'une forte énergie, soutenue par un désir et une volonté puissants. Vous parvenez toujours à agir dans le sens de vos intérêts et avec beaucoup d'instinct, d'intuition. Par ailleurs, la susceptibilité est à son maximum dans une telle configuration, et vous réagissez avec agressivité lorsqu'on vous chatouille un peu trop ! Vous pouvez également passer du rire aux larmes, de la tranquillité à l'agitation en quelques instants ! Plus que les autres Cancer, vous extériorisez vos émotions et appréciez de les partager, quitte à mettre vos proches mal à l'aise ! Le besoin de conquérir se mêle à des comportements d'attente, voire de dépendance, et vous pouvez passer rapidement de l'un à l'autre, selon la situation et votre degré de timidité. Car votre émotivité est telle que vous préférez parfois rester en retrait plutôt que de vous sentir déstabilisé, fragilisé par ce que vous ressentez. L'impulsivité du Bélier n'est pas vraiment tempérée par le Cancer, qui manque parfois singulièrement d'assurance et qui a tendance à tout exagérer ! Cependant, vous êtes terriblement tenace, et quand vous avez décidé quelque chose, il est impossible de vous faire changer d'avis ! De plus, vous avez des qualités de battant, de chef, et avez besoin d'entreprendre... Donner des bases à une affaire, ou à votre couple, toujours construire plus solide, telle est votre volonté.

• **Vos atouts :** vous savez être optimiste, motiver vos partenaires ou collaborateurs et leur insuffler votre énergie. Vous avez l'esprit de clan et défendez les vôtres bec et ongles si on les attaque.

• **Vos difficultés :** quand vous vous mettez en colère, c'est un ouragan qui s'abat sur la personne concernée ! De plus, vous pouvez être extrêmement rancunier. Quand vous n'êtes pas content, ou lorsqu'on vous frustre, vous êtes capable de bouder dans votre coin pendant toute une journée, voire plusieurs jours...

• **Vos fragilités :** la tête (vous avez souvent des migraines), le surmenage (vous voulez trop en faire) et les problèmes de vue. Vos dents peuvent également vous causer quelques soucis.

Mars est votre maître d'ascendant, étudiez ses mouvements avec attention.

> VOTRE ÂME SŒUR

Selon votre signe et votre ascendant-descendant. Le descendant est le secteur opposé à l'ascendant et représente le monde des autres, les rencontres, les unions et associations... Votre descendant occupe le signe de la Balance, opposé mais complémentaire du Bélier. En conséquence, vos relations doivent vous apporter l'équilibre émotionnel qui vous manque, ainsi qu'une forme de stabilité. Qui mieux que la Balance peut arriver à désamorcer les rapports de force que vous ne manquez pas de créer ? Il ou elle sera suffisamment gentil et attentionné pour supporter votre caractère, et aura une force intérieure qui lui permettra de résister à vos « attaques ». Vos partenaires favoris seront donc Balance ou auront l'ascendant en Balance. Ce signe possède toutes les qualités requises pour vous apprivoiser et votre couple peut se révéler solide. Mais supporterez-vous son besoin constant de plaire ? Vous vous entendrez bien également avec les Sagittaire ou ascendant Sagittaire, avec qui vous échangerez des idées et cultiverez des centres d'intérêt. Avec les Lion ou ascendant. Lion, il y aura beaucoup d'amour et vous serez très épanoui si vous avez des enfants ensemble. De bons moments en prévision avec les Gémeaux ou ascendant Gémeaux, souples, mobiles, adaptables, et qui ne se laisseront pas impressionner par vos brusques changements d'humeur. Le quotidien sera très agréable avec eux. Ainsi qu'avec les Verseau ou ascendant Verseau ; mais une fois les affres de la passion oubliées, la relation pourrait évoluer, malgré vous, vers une forme d'amitié.

ASCENDANT TAUREAU

Gentil, séduisant, charmeur, les qualificatifs sont nombreux pour décrire une personnalité fondée sur la sensualité, le goût de la vie et des bonnes choses. Et comme le Cancer possède une nature très voisine, on peut dire que votre signature astrale est particulièrement harmonieuse et que vous n'êtes pas assailli par de nombreux conflits intérieurs ! Votre motivation première est de posséder, garder, conserver. Dans vos relations affectives comme au plan matériel, le moins que l'on puisse dire, c'est que vous n'aimez pas perdre ! Évidemment, si vous vous sentez dépossédé, l'harmonie s'envole provisoirement et on ne vous reconnaît plus ! Oubliée la sérénité que vous affichez la plupart du temps... Sécurité et prospérité sont vos mots clés : vous ne vous épanouissez que dans la certitude que rien ne va vous manquer, et que ce que vous avez construit, professionnellement ou affectivement, ne sera jamais détruit en aucune manière. Les habitudes ont une certaine importance dans votre vie, dans la mesure où elles sont synonymes de cette sécurité et de cette stabilité essentielles à vos yeux : elles apaisent votre inquiétude latente. Attention à la gourmandise, car elle pourrait vous faire prendre des kilos indésirables, contre lesquels vous aurez le plus grand mal à lutter, car vous supportez mal les frustrations imposées par un régime. Elle peut également vous inciter à vouloir tout prendre, tout faire, tout avoir : une vraie boulimie d'activités.

• **Vos atouts :** la créativité, le sens du beau et du bon, la solidité et ce côté épicurien qui vous rend très sympathique aux autres. Vous déployez également des trésors de patience et d'attention vis-à-vis de ceux que vous aimez, et le rôle de parent peut être, de loin, celui que vous préférez. Par ailleurs, vous avez le sens des affaires et de l'économie.

• **Vos difficultés :** un rythme lent, calqué sur celui de la digestion, un entêtement et une obstination qui peuvent agacer, ainsi qu'une totale mauvaise foi. Vous voulez toujours avoir raison et acceptez

difficilement les remises en question. Par ailleurs, chez vous, tout laisse des traces et un simple échec peut vous empoisonner la vie !
• **Vos fragilités :** la gorge, les organes sexuels, la glande thyroïde. Et, comme nous l'avons déjà vu, une nette tendance à prendre du poids !
Vénus est votre maître d'ascendant, étudiez ses mouvements avec attention.

> VOTRE ÂME SŒUR

Selon votre signe et votre ascendant-descendant. Le descendant est le secteur opposé à l'ascendant et représente le monde des autres, les rencontres, les unions et associations... Votre descendant occupe le sulfureux signe du Scorpion, ce qui indique que vous avez besoin de relations établies sur la sincérité, l'authenticité de l'engagement, et surtout la passion ! Vous ne vous contentez pas de sentiments tièdes. De plus, la communauté d'intérêts matériels sera souvent une des bases les plus solides de votre relation ! Les personnes qui sont Scorpion ou ascendant Scorpion seront les plus adaptées à votre personnalité, sur le papier en tout cas. Ce signe vous attirera particulièrement sur le plan sexuel. Toutefois, avancez avec prudence, car le rusé Scorpion, un brin manipulateur, jouera de votre vulnérabilité et de votre tendance à la jalousie. Vous vous entendrez également très bien avec les Capricorne ou ascendant Capricorne : leur tendance à s'attacher en profondeur et leur stabilité seront des qualités qui plaideront en leur faveur. Les membres de votre signe ou ceux qui ont l'ascendant Cancer feront aussi partie de vos choix, car il y aura une belle complicité entre vous. Mais la relation pourrait demeurer très « adolescente » et donc ne pas durer. N'oubliez pas les Poissons ou ascendant Poissons pour leur sensibilité, en écho avec celle du Cancer. En plus de l'amour, il y aura une forme d'amitié entre vous qui pourrait permettre à la relation de durer. Mais qu'en sera-t-il du sexe, tellement important pour le Taureau ? Enfin, avec les Vierge ou ascendant Vierge, il y aura beaucoup de sentiments.

ASCENDANT GÉMEAUX

Le Gémeaux est rapide, mobile, toujours en mouvement et les sens en éveil. Il s'adapte à toutes les situations et adore la diversité. Ce qui n'est pas toujours le cas du Cancer, qui cherche avant tout à s'établir dans la sécurité d'une famille, la sienne ou celle qu'il crée. La curiosité propre aux Gémeaux sera cependant un atout dans votre quotidien, car elle vous poussera à vous intéresser de plus près à la vie de vos proches et à essayer de mieux les comprendre. Vous manifesterez une véritable boulimie d'informations que beaucoup d'entre vous utiliseront dans leur vie professionnelle : le journalisme, par exemple, sera un domaine qui vous attirera, de même que la publicité ou tout ce qui touche au domaine littéraire. Et si vous êtes de ceux qui ont du mal à se fixer un but précis, vous n'en réussirez pas moins votre carrière, mais une fois que vous aurez choisi votre activité, bien sûr, et après avoir probablement procédé par élimination ! Dans vos relations avec autrui, vous êtes capable d'afficher une distance qui vous permet d'exercer votre sens critique et votre humour. Celui-ci est votre meilleur allié dans toute situation difficile, car autant vous savez dramatiser un problème, autant vous savez aussi vous en sortir par une pirouette ! Sous l'influence de votre ascendant, le jeu sous toutes ses formes vous est indispensable, de même que vous aimez vous déguiser ou endosser d'autres personnalités. C'est la raison pour laquelle vous faites souvent un excellent comédien. Mais on peut dire que votre Moi manque d'unité et que vous avez plus tendance à imiter les autres qu'à vous affirmer en tant que personne différente et autonome. Il sera donc indispensable, à un moment ou à un autre de votre vie, que vous partiez à la conquête de votre indépendance et que vous vous construisiez une identité plus solide. Ce dont vous êtes tout à fait capable...

• **Vos atouts :** vous comprenez rapidement, apprenez très vite et faites preuve d'une formidable mémoire. Vous avez de nombreux dons et êtes capable d'exercer plusieurs activités en même temps.

• **Vos difficultés :** vous cherchez à fonder une famille, à vous établir solidement, mais vos comportements souvent insouciants vont à l'encontre de votre désir.
• **Vos fragilités :** le système respiratoire, les bronches, les poumons, les mains.
Mercure est votre maître d'ascendant, étudiez ses mouvements avec attention.

> VOTRE ÂME SŒUR

Selon votre signe et votre ascendant-descendant. Le descendant est le secteur opposé à l'ascendant et représente le monde des autres, les rencontres, les unions et associations... Votre descendant occupe le signe du Sagittaire, opposé et complémentaire des Gémeaux. Cela signifie que vos relations affectives sont importantes à vos yeux, que vous leur donnez une place particulière. Vous appréciez les partenaires francs et directs, qui ont de l'importance dans leur milieu, qu'ils soient intellectuels, artistes ou même sportifs : ils doivent représenter quelque chose et vous donner un rôle de premier plan ! Vous vous adapterez avec plaisir à leur univers et à leurs coutumes. Les Sagittaire ou ascendant Sagittaire seront donc votre premier choix, ils correspondent à ce que vous recherchez. Toutefois, votre nature Cancer ne sera peut-être pas très rassurée par leur instabilité. Vous vous entendrez également très bien avec les Bélier ou ascendant Bélier, bien que les rapports de force soient fréquents ! Chacun voudra voir son autorité reconnue et cela peut entraîner de fréquentes disputes. Mais cela ne veut pas dire que le couple ne durera pas, et il y aura beaucoup d'amour entre vous. Les Lion ou ascendant Lion vous attireront aussi, vous apprendrez énormément avec eux ! La relation sera épanouissante et durable, pourvu que vous ne soyez pas trop critique à leur égard et que vous respectiez leur ego. Les Balance ou ascendant Balance seront de bons équipiers, amour et amitié se mélangeant. Enfin, les Verseau ou ascendant Verseau vous séduiront et la relation se révélera très complice.

ASCENDANT CANCER

Les tendances générales du signe sont évidemment accentuées par cette double signature. Cependant, elles seront plus dynamiques si votre Soleil Cancer se trouve dans l'ascendant, alors que s'il se trouve avant l'ascendant, elles seront plus passives : vous serez encore plus rêveur et impressionnable...
La Lune est votre maître d'ascendant, étudiez-la avec attention.

> VOTRE ÂME SŒUR

Selon votre signe et votre ascendant-descendant. Le descendant est le secteur opposé à l'ascendant et représente le monde des autres, les rencontres, les unions et associations... Votre descendant occupe le signe du Capricorne, opposé et complémentaire du Cancer, ce qui signifie que vos relations doivent se construire avec le temps et s'inscrire dans la durée. Vous recherchez un lien sécurisant et protecteur, qui vous permette de vivre en toute quiétude, sans trop vous poser de questions. Homme ou femme, vous vous intéresserez certainement à une personne plus mûre que vous pour jouer ce rôle, quelqu'un ayant de l'expérience et sur qui vous pourrez vous reposer en toute confiance. La fidélité sera un critère important dans votre choix. Les Capricorne ou ascendant Capricorne seront donc parmi vos favoris, parce que même très jeunes ils ont un formidable sens des responsabilités et prennent facilement les autres en charge. Vous vous sentirez rassuré en leur compagnie. Mais vous vous entendrez également très bien avec les Taureau ou ascendant Taureau : vous apprécierez leur sincérité, leur fidélité, et surtout leur grande sensualité. Avec les Vierge ou ascendant Vierge, un signe de Terre qui a les pieds bien ancrés dans le sol, vous serez en sécurité et surtout vous aurez affaire à quelqu'un d'organisé, de prévisible, qui ne vous mettra pas en danger. Il y aura une belle complicité entre vous. Vous serez amoureusement et sensuellement attiré par les Scorpion ou ascendant Scorpion, compliqués et ténébreux. Ils seront peut-être même la grande passion de votre vie, mais qui dit passion dit aussi souffrance... Enfin, les Poissons ou ascendant Poissons seront un peu vos semblables : la relation, très romantique, comblera la plupart de vos besoins.

ASCENDANT LION

Vous avez du goût et appréciez tout ce qui est beau. Les apparences vous séduisent, et vous n'avez pas toujours la curiosité d'aller voir ce qui se cache au-delà du miroir. Vous aimez briller, être regardé, voire admiré pour vos succès personnels ou professionnels. Votre identité sera d'ailleurs d'autant plus structurée que vous obtiendrez la reconnaissance des autres, ou que vous vivrez avec quelqu'un qui a réussi. L'orgueil et l'amour-propre sont parmi vos principaux traits de caractère, en tout cas ils gèrent vos relations avec le monde. Ce qui ne vous empêche pas d'être droit, loyal et honnête. Mais il y a toujours quelque chose en vous qui cherche à exister à tout prix et vous pousse à impressionner votre entourage. Vous choisissez de préférence une activité liée à l'image, aux produits de luxe, aux bijoux ou à la mode. Le théâtre et le cinéma sont parmi vos favoris, dans la mesure où vous aimez la scène... Vous êtes aussi un grand sentimental, qui idéalise tout ce qu'il investit, en particulier les relations amoureuses. En conséquence, vous pouvez vous attendre à être souvent déçu par le comportement des autres, qui n'est jamais à la hauteur de ce que vous aviez imaginé. Dans ce domaine, vous devrez peut-être canaliser votre tendance Cancer à vous faire des romans si vous voulez construire quelque chose de solide. Le besoin de créer est également primordial dans votre existence, que ce soit à travers une activité artistique ou en faisant des enfants et en vous consacrant à leur éducation. Vous serez un parent parfait, surtout si vous ne cherchez pas à être un parent idéal !

• **Vos atouts :** vous êtes honnête, loyal, droit et l'on peut faire confiance à votre instinct comme à votre intuition. Vous avez également le sens des valeurs. Vous pouvez vous montrer d'une grande générosité, et souvent trop gentil ! Cette gentillesse n'est pas toujours payée en retour...

• **Vos difficultés :** on vous reprochera une certaine autosatisfaction, de la vanité, une grande sensibilité aux compliments, aux honneurs, à la flatterie. Votre tendance à vous réfugier dans vos rêves et dans le passé peut être préjudiciable à votre évolution.

• **Vos fragilités :** le cœur, le dos, la vue.

Le Soleil est votre maître d'ascendant, sa position et ses aspects sont à étudier avec attention.

> VOTRE ÂME SŒUR

Selon votre signe et votre ascendant-descendant. Le descendant est le secteur opposé à l'ascendant et représente le monde des autres, les rencontres, les unions et associations... Votre descendant occupe l'indépendant signe du Verseau, pôle opposé et complémentaire du Lion. Ce qui veut dire que vos relations peuvent avoir un caractère ambigu, qu'elles vous servent la plupart du temps à exprimer une révolte enfouie, inconsciente puisque projetée sur l'autre. Et si vous n'êtes pas dans ce schéma de révolte, vous tomberez sur des personnes qui le sont, en marge de la société, ou encore extrêmement créatives et libres. En prenant de l'âge, vous deviendrez vous-même plutôt indépendant et apprécierez les relations qui ne vous pèsent pas. Votre premier choix se portera sur les Verseau ou ascendant Verseau, ils vous fascineront par leur force de caractère, leur puissance de travail et leur grande liberté de pensée, voire de parole ! Vous les accompagnerez dans toutes leurs aventures ou leurs expériences, mais gare à eux s'ils vous déçoivent... Avec les Gémeaux ou ascendant Gémeaux, la relation sera moins tumultueuse. Même si elle est passionnée au début (ça peut être un coup de foudre), elle évoluera vers une forme d'amitié. Avec les Balance ou ascendant Balance, il y aura une belle complicité, des échanges amusants et des goûts communs dans le domaine des arts. Les Sagittaire ou ascendant Sagittaire pourront aussi faire partie de vos choix : il y aura beaucoup d'amour entre vous, mais votre goût commun pour l'autorité pourrait provoquer des heurts.

ASCENDANT VIERGE

Intéressante combinaison astrale, qui vous permet d'avoir davantage les pieds sur terre que le Cancer classique, surtout dans votre vie amoureuse, où vous vous montrez bien plus sélectif ! Votre potentiel intellectuel, votre sens de l'analyse et de la synthèse sont vos principaux atouts, et votre détermination Cancer se met à leur service. Votre personnalité est structurée autour de votre pensée, laquelle est tout aussi importante que les manifestations de votre corps. Vous vous arrêtez souvent sur des détails, auxquels vous accordez soudain une importance qu'ils ne méritent pas. Il arrive que vous vous montriez un peu hypocondriaque et que votre santé soit souvent un sujet de préoccupation. Il est très probable que vous vous écoutiez un peu trop et que les petits dysfonctionnements que vous constatez soient dus au stress. En effet, la Vierge est nerveuse, inquiète, et d'une hypervigilance qui ne peut que perturber son repos. Mais vous pouvez utiliser ces tendances de manière positive en étant un « soignant » pour les autres, en les soutenant à l'aide de conseils frappés au coin du bon sens... Toutefois, vous ne manquez ni d'humour ni de distance, et pouvez vous révéler très critique à l'égard de ceux que vous aimez lorsqu'ils n'entrent pas dans le moule que vous leur avez attribué ! Tout ce qui est de l'ordre des émotions n'est pas facilement exprimé parce que vous êtes plus pudique qu'il y paraît : vous attendez d'être sûr de vos sentiments et de ceux de l'autre. Généreux, sensuel, vous êtes capable de petites attentions touchantes et de raffinement. Pour avoir bon moral, pour ne pas être victime de vos sautes d'humeur et surtout pour utiliser positivement votre énergie mentale, vous avez besoin de projets : vous vous y investissez à fond, mais manquez parfois trop de confiance en vous pour pouvoir les mener sans encombre à leur conclusion. Attention à ne pas vous disperser ! Le domaine de la communication peut vous tenter, comme celui de l'éducation. Les sciences, les mathématiques, le médical ou le paramédical font également partie de vos champs d'intérêt.

• **Vos atouts :** fidélité, honnêteté scrupuleuse et goût du travail bien fait font de vous une personne fiable. Vous êtes raisonnable et sérieux dans tout ce que vous accomplissez.
• **Vos difficultés :** vous êtes parfois timide, toujours inquiet. Soucieux, vous ne vous détendez que lorsque vous êtes totalement en confiance. Les membres de votre entourage vous reprochent votre nervosité et une tendance à leur faire la morale, à les surveiller, à vouloir avoir raison en toute circonstance.
• **Vos fragilités :** les intestins principalement, ainsi que toute maladie d'origine nerveuse.
Mercure est votre maître d'ascendant, étudiez ses mouvements avec attention.

> VOTRE ÂME SŒUR

Selon votre signe et votre ascendant-descendant. Le descendant est le secteur opposé à l'ascendant et représente le monde des autres, les rencontres, les unions et associations... Votre descendant occupe le signe des Poissons, opposé et complémentaire de la Vierge, ce qui signifie que vos relations affectives sont de nature fusionnelle. L'autre doit vous donner le maximum et le couple doit fonctionner comme une unité. En fait, vous avez besoin d'un miroir, de quelqu'un qui vous renvoie une bonne image de vous parce que, au fond, vous manquez d'assurance. Peut-être même avez-vous du mal à vous aimer et attendez-vous de l'autre qu'il vous prouve que vous êtes « aimable » ! Vous avez donc besoin de partenaires sensibles et intuitifs, qui vous devinent afin de ménager votre pudeur. Qui mieux qu'un Poissons ou ascendant Poissons peut répondre à ces besoins ? Il suffira même que le ou la partenaire ait une planète affective, la Lune, Vénus ou Mars, dans ce signe pour que vous soyez attiré. La relation vous comblera dans bien des domaines. Mais vous serez également attiré par les Scorpion ou ascendant Scorpion. Aussi sensibles que les Poissons, mais plus ténébreux, plus tourmentés, ils introduiront une complicité érotique entre vous. Vous serez à l'aise dans cette relation, qui pourrait bien prendre une place importante dans votre vie. Les membres de votre signe, c'est-à-dire les Cancer ou ascendant Cancer, vous séduiront évidemment, mais la relation pourrait évoluer vers une sorte d'amitié amoureuse et la dimension sexuelle serait alors mise au second plan. Avec les rassurants Taureau ou ascendant Taureau, vous serez en très bonne harmonie. Enfin, vous pouvez aussi être séduit par les Capricorne ou ascendant Capricorne, incarnation de la stabilité et de la sécurité.

ASCENDANT BALANCE

Deux signes de changement de saison sont ici réunis pour composer une personnalité contrastée, très sensible, émotive, parfois effrayée par le monde extérieur, et qui se rassure en exerçant son pouvoir de séduction tous azimuts. Vous avez grand besoin de relations harmonieuses avec les autres, même si vous avez du mal à aller vers eux pour cause de timidité. Toutefois, vous êtes capable d'une audace surprenante, surtout dans le domaine professionnel, où il vous arrive de faire référence, quelle que soit la voie empruntée. La solitude est ce qui vous effraie le plus, de même que la peur d'être abandonné ou rejeté. Très tôt dans votre vie, vous avez compris que vous n'atteindriez votre équilibre que lorsque vous auriez trouvé l'âme sœur. Il vous arrive d'ailleurs de vous marier de bonne heure, sur un coup de cœur... Même dans votre travail, vous avez besoin de faire équipe avec quelqu'un (ou plusieurs personnes), de vous associer, car vous ne voyez pas l'intérêt de réussir pour vous tout seul. Vous recherchez souvent l'approbation des autres. Mais vous pouvez surprendre tout le monde en agissant de manière impulsive ! Vous n'aimez pas les rapports de force et développez très tôt des qualités de diplomate ou d'intermédiaire. Par ailleurs, vous êtes attiré par les arts : musique, danse, peinture font partie de vos loisirs et participent à votre équilibre. Quand vous n'en faites pas votre métier ! Mais l'essentiel de votre vie tourne souvent autour de la famille, et votre besoin d'en construire une (affective ou professionnelle) vire parfois à l'obsession !

• **Vos atouts :** vous savez faire taire votre agressivité, mettre vos désirs en retrait, pour entretenir de bonnes relations avec tout le monde. Vous êtes de bon conseil et vous investissez à fond dans votre travail, ou dans les buts que vous poursuivez. Votre détermination peut même être impressionnante !

• **Vos difficultés :** vous êtes hésitant, avez du mal à faire des choix et à prendre des décisions tranchées. Vous faites souvent trop attention à ce que l'on pense de vous et ne savez pas très bien relativiser les choses.

• **Vos fragilités :** les reins surtout, et la vésicule biliaire.

Vénus et Saturne sont vos planètes maîtresses, étudiez-les avec attention.

> VOTRE ÂME SŒUR

Selon votre signe et votre ascendant-descendant. Le descendant est le secteur opposé à l'ascendant et représente le monde des autres, les rencontres, les unions et associations... Votre descendant occupe le dynamique signe du Bélier, et c'est logique puisque ce signe est l'opposé zodiacal de la Balance et qu'il possède ce qui vous manque. Vos relations sont marquées par le besoin d'aider le partenaire, d'être sa « moitié » dans tous les sens du terme. Mais il est clair que, votre signature astrale étant très émotive, vous prenez un peu trop à cœur les petites failles de l'autre. Votre premier choix se portera sur un Bélier ou ascendant Bélier, ou quelqu'un qui aura la Lune ou Vénus en Bélier. Vous lui laisserez avec bonheur l'initiative de la relation et des décisions concernant le couple. Mais vous constaterez rapidement qu'il établit des rapports de force et qu'il est jaloux. Vous serez également attiré par les Sagittaire ou ascendant Sagittaire : vous aurez beaucoup de facilité à communiquer avec eux et la relation sera fondée sur la complicité et l'échange d'idées. Avec les Lion ou ascendant Lion, l'entente régnera : leur charisme forcera votre admiration. Toutefois, vous pourriez souffrir de leur autorité, même si elle est enrobée de bonnes intentions. Les Gémeaux ou ascendant Gémeaux seront de bons équipiers, vous partagerez les mêmes idées et aurez des centres d'intérêt communs. Enfin, les Verseau ou ascendant Verseau seront aussi de bons compagnons pour faire le chemin avec vous : intelligents, distrayants, ils vous serviront de révélateur.

ASCENDANT SCORPION

♏

Volontiers secret, mystérieux et intériorisé, vous êtes profondément déterminé à faire quelque chose de votre vie et à concrétiser vos désirs. Cette force intérieure n'a d'égale que votre volonté de toujours progresser, que ce soit en marche directe ou à contre-courant ! Plutôt attentiste de nature, vous aimez jouer les éminences grises et influencer les autres. Vous y parvenez grâce à votre connaissance innée de ce qu'ils ont en eux, de ce qu'ils veulent cacher, grâce aussi à un savoir-faire que beaucoup vous envient. On vous retrouvera dans les affaires, dans l'économie, les finances, mais aussi dans le commerce, l'import-export, la justice et... les voyages. L'amour vous met en position de faiblesse et engendre de la souffrance parce qu'il n'est jamais aussi beau que vous l'aviez imaginé. Le jour où vous acceptez que l'autre ne soit pas parfait, vous trouvez le bonheur ! Souvent tenté de vous auto-analyser, vous êtes alors parfois assez dur avec vous-même : cet excès de lucidité vous conduit au désenchantement. Le monde peut vous paraître merveilleux tout au long de votre enfance, mais devenu adulte, vous le trouverez décevant, car beaucoup de comportements humains vous paraîtront malhonnêtes et faux. Votre recherche de naturel, de pureté et d'authenticité, votre refus des faux-semblants se heurtent à une réalité dont vous ne vous accommodez pas facilement. Aussi aimez-vous, le plus souvent, vous évader en pensée, étudier ou voyager, bref, mettre de la distance entre vous et les autres. Romancier ou journaliste, par exemple, vous écrirez des livres dépaysants, ou serez grand reporter sur le terrain !

• **Vos atouts :** l'intuition, la perspicacité, la ténacité et un sens de l'humour très corrosif. Vous êtes extrêmement séducteur, mais capable d'une formidable fidélité à l'être aimé.

• **Vos difficultés :** une jalousie et une possessivité qui vous jouent des tours, car c'est là votre talon d'Achille. On vous reproche souvent votre apparente passivité, vos silences, votre besoin de rivaliser, de contrôler votre entourage et d'avoir toujours raison !

• **Vos fragilités :** les organes sexuels, ainsi que les intestins.

Pluton et Mars sont vos planètes maîtresses, étudiez-les avec attention.

> VOTRE ÂME SŒUR

Selon votre signe et votre ascendant-descendant. Le descendant est le secteur opposé à l'ascendant et représente le monde des autres, les rencontres, les unions et associations... Dans vos relations avec les autres, vous êtes exigeant, méfiant et craignez par-dessus tout le mensonge et la trahison. Toutefois, vous êtes capable d'une grande tendresse et de vous montrer très protecteur vis-à-vis de ceux que vous aimez. Votre descendant étant dans le doux signe du Taureau, vos relations doivent être fondées sur un amour inconditionnel, sur la fidélité et le respect de l'engagement pris. La sexualité a de l'importance pour vous, elle est le ciment de votre couple. Mais les intérêts matériels auront également leur rôle à jouer... Vos partenaires seront donc Taureau ou ascendant Taureau, ou auront la Lune, voire Vénus, dans ce signe. Leur sensualité vous piégera, et même si vous ne le montrerez pas, vous serez très attaché à eux. Les Capricorne ou ascendant Capricorne seront aussi de bons partenaires, fidèles, sérieux et sécurisants. Ils vous séduiront par leur humour, leur distance, mais leur difficulté à communiquer représentera un handicap dans le couple. Les Vierge ou ascendant Vierge seront aussi des partenaires de choix pour leur humour, leur délicatesse et leur fidélité. Vous partagerez de nombreuses affinités. Avec les Poissons ou ascendant Poissons, ce sera peut-être le grand amour : ils vous devineront facilement et sauront apprécier ce qu'il y a de meilleur en vous. La relation sera romantique et. torturée. Les personnes de votre signe ou celles qui ont l'ascendant en Cancer seront également de bons compagnons de route, non seulement parce que vous aurez des points communs (la volonté de construire une famille, par exemple), mais aussi parce que vos sensibilités s'enrichiront mutuellement.

ASCENDANT SAGITTAIRE

Voilà un mélange de signes qui dénote une belle force intérieure et une détermination parfois inflexible ! Il y a un grand besoin de vous lancer des défis, de dépasser les limites qui vous sont imposées (que ce soit sur le plan mental ou physique), et en même temps la demande pressante de tendresse et de réassurance du Cancer. Mais qu'il est difficile de percer votre armure, faite d'impassibilité et d'une élégante distance ! Vous êtes souvent impossible à cerner, et vous vous en réjouissez, car vous avez l'impression qu'on pourrait vous dévoiler facilement. Cela ne vous empêche pas d'être chaleureux, de posséder une aisance naturelle et une confiance en vous qui vous amènent forcément à réussir dans vos entreprises. Vous attirez la sympathie et savez vous entourer intelligemment. Votre envie d'effacer toutes les frontières fait de vous un citoyen du monde, vous adorez les voyages et les expériences de toutes sortes. Toutefois, si le côté casanier du Cancer l'emporte, vous organiserez des voyages pour les autres, vous évaderez dans la littérature, dans votre travail ou grâce à la télévision... Très tôt dans la vie, vous avez eu besoin d'espace pour vous mouvoir, pour penser et vous développer, tout en étant conscient que votre famille comptait pour vous et sur vous ! Sentimental, vous affichez une grande pudeur qui cache une forte sensualité. Par ailleurs, vous êtes un bon vivant, de ceux qui savent profiter des bonnes choses de l'existence et les partager avec ceux qu'ils aiment. On se sent bien en votre compagnie et vous êtes de très bon conseil : vous ne parlez jamais pour ne rien dire. Manuel, intellectuel, artiste ou commerçant, vous cherchez naturellement à être le meilleur, et même quand vous vous faites dépasser, ou quand vous subissez un échec, vous savez rester fair-play.

• **Vos atouts :** votre générosité et votre gentillesse. Votre amour de la vie et un sens des valeurs bien ancré. Vous possédez également un excellent jugement et une vision très réaliste des problèmes qui vous sont posés.

• **Vos difficultés :** vous voulez toujours avoir raison, tout organiser, tout gérer. Vos colères sont mémorables et vos appétits, parfois insatiables. D'ailleurs, vous avez presque toujours des problèmes de poids.
• **Vos fragilités :** tout le système circulatoire, ainsi que le foie.
Jupiter est votre maître d'ascendant, étudiez-le avec attention.

> VOTRE ÂME SŒUR

Selon votre signe et votre ascendant-descendant. Le descendant est le secteur opposé à l'ascendant et représente le monde des autres, les rencontres, les unions et associations... Votre descendant étant en Gémeaux, signe double, vos relations seront très diverses. Vous apprécierez les personnes vives, jeunes d'esprit, et qui s'adaptent à tout. Elles devront vous laisser votre liberté d'action et accepter les débats d'idées où, nécessairement, vous aurez raison ! Cet être multiple qu'est le Gémeaux ou ascendant Gémeaux, ou toute personne ayant la Lune, voire Vénus, en Gémeaux, vous conviendra, car il ne sera jamais le même. Il saura vous surprendre, vous amuser, éloigner l'ennui et la morosité que vous redoutez plus que tout ! Toutefois, vous devrez faire des efforts pour maintenir une stabilité. Les Verseau ou ascendant Verseau sauront aussi vous séduire, vous attirer sensuellement, mais leur besoin de liberté vous posera problème : ils en sont encore plus jaloux que vous ! Toutefois, leur personnalité ne peut que vous fasciner. La relation sera complice, amusante, mais ne reposera pas toujours sur des bases très solides. Avec les Bélier ou ascendant Bélier, il y aura de la passion dans l'air, des sentiments forts et valorisants pour chacun. Vous serez vite attachés l'un à l'autre, et si vos tendances autoritaires ne se heurtent pas trop, vous formerez un bon couple. Même chose avec les Lion ou ascendant Lion : vous rivaliserez d'élégance et aurez du respect l'un pour l'autre. Par ailleurs, vous ne serez jamais indifférent aux Balance ou ascendant Balance, même s'il n'y a que de l'amitié entre vous.

ASCENDANT CAPRICORNE

Votre signe et votre ascendant s'opposent, ce qui vous donne un petit côté Balance. C'est-à-dire que vous avez grand besoin de tisser des relations avec les autres, de créer des liens solides, parce que vous rejetez la solitude et tout ce qu'elle représente. Mais la vie nous oblige le plus souvent à expérimenter ce dont on ne veut pas, ce que l'on fuit le plus ! Et cette solitude vous a certainement accompagné dans votre enfance, au point qu'aujourd'hui elle vous fait très peur ! Tant que vous n'avez pas trouvé le bon partenaire, celui ou celle qui vous comprend et vous accepte, vous ne vous sentez pas entier... Mais il n'est pas sûr que vous fassiez tout ce qu'il faut pour atteindre votre but, car vous avez de l'orgueil et vous préférez que les autres fassent le premier pas. Et vous n'avez pas, non plus, un caractère facile : ces deux signes de changement de saison provoquent des sautes d'humeur, un excès de sensibilité au qu'en-dira-t-on et du pessimisme. Vous êtes en tout cas solide, stable dans vos affections et vos engagements, vous sentant responsable des autres ou des tâches que l'on vous confie. Mais il arrive, à certains moments, que vous manquiez de confiance en vous et que vous vous en remettiez totalement à votre partenaire, à votre chef ou à vos collègues, perdant ainsi votre objectivité et votre liberté d'action. D'apparence froide et distante, vous avez beaucoup plus de sensibilité qu'on ne le pense généralement. Simplement, vous la dissimulez sous des côtés bourrus ou derrière une apparente indifférence. Vous allez souvent à l'essentiel, le superflu vous paraissant totalement inutile. L'ambition peut être dévorante chez certains d'entre vous ! L'angoisse d'être rejeté, abandonné, la peur de l'échec sont de puissants moteurs qui peuvent autant vous freiner que vous faire avancer.

• **Vos atouts :** une indéfectible fidélité et un sérieux qui font de vous la personne sur qui l'on peut compter en toute circonstance. Un sens des réalités et une détermination qui s'ajoutent à votre ambition. Le besoin de venir en aide à autrui fait également partie de vos qualités.

• **Vos difficultés :** un excès de froideur ou de réserve, des difficultés à communiquer dans le couple, et un certain manque de fantaisie.
• **Vos fragilités :** les os et la peau.
Saturne est votre maître d'ascendant, étudiez ses mouvements avec attention.

> VOTRE ÂME SŒUR

Selon votre signe et votre ascendant-descendant. Le descendant est le secteur opposé à l'ascendant et représente le monde des autres, les rencontres, les unions et associations... Votre descendant étant dans votre propre signe, le Cancer, vous avez besoin de relations qui vous ouvrent sur votre monde sensible, qui soient établies sur une vision et un respect communs des valeurs véhiculées par l'institution familiale. En général, vous attendez que votre vie de couple soit en adéquation avec l'idée que vous vous en faites depuis votre enfance. Ce qui n'est pas toujours facile ! Vos semblables, les Cancer ou ascendant Cancer, seront certainement votre premier choix, de même que ceux qui ont la Lune ou Vénus dans ce signe. Vous les trouverez peut-être infantiles à la longue, mais c'est ce qui vous aura pourtant séduit au départ : le fait de pouvoir jouer le rôle de parent ! La sensibilité des Poissons ou ascendant Poissons, leur formidable intuition et leur créativité auront sur vous un grand pouvoir de séduction : vous entretiendrez une relation très agréable, à base de complicité, d'entente tacite. Le danger est que vous ne communiquiez pas assez. Vous vous entendrez bien également avec les Taureau ou ascendant Taureau, ils possèdent un côté rassurant, chaleureux, qui vous mettra totalement à l'aise. Vous aurez des sentiments profonds l'un pour l'autre, votre vision de la vie s'accordant parfaitement avec la leur ! Même ambiance complice et feutrée avec les rassurantes Vierge (ou ascendant Vierge). Ce sera moins sensuel (et encore), mais plus enrichissant sur le plan intellectuel. Quant aux Scorpion ou ascendant Scorpion, leur magnétisme ne vous laissera jamais indifférent.

ASCENDANT VERSEAU

Une grande liberté de comportement et une forte indépendance vous caractérisent, mais entrent en conflit avec votre nature Cancer, plutôt inquiète, peu aventureuse et dépendante de ses liens affectifs. Autant vous êtes capable d'une grande distance, d'une certaine froideur, autant vous savez vous montrer tendre, passionné et d'un romantisme exacerbé. Il peut vous arriver de passer des heures à rêver, que ce soit à votre vie sentimentale ou à la meilleure manière de sauver le monde... Au fond, vous restez un éternel enfant, un idéaliste qui peut flirter avec l'utopie, tant dans vos comportements que dans votre manière de penser la vie. Il vous arrive d'être paralysé par vos peurs comme elles peuvent vous servir de moteur et faire de vous une tête brûlée. La plupart du temps, votre créativité et votre intérêt pour les autres vous permettent de vous équilibrer et de chasser vos démons intérieurs. Par ailleurs, vous avez de l'ambition et vous arrangez toujours pour vous spécialiser dans votre domaine, ou trouver une manière d'agir qui sera différente de celle des autres. Vous adorez avoir des projets, et vous vous servez de votre ténacité de Cancer pour les mettre en pratique. Mais faites attention à ne pas vous disperser ! Les moments de tension alternent avec les grandes périodes de calme, pendant lesquelles vous avez tendance à vous angoisser : le Verseau a besoin de progresser, rester immobile lui donne l'impression de reculer ! Vous avez envie d'aimer et de construire, comme tout Cancer qui se respecte, mais il arrive que vous viviez vos engagements comme une contrainte, ce qui est typique du Verseau. En tout cas, selon vous, la vie de couple ne doit pas être monotone, vous avez besoin de fantaisie, tout en ne détestant pas les habitudes qui rassurent. C'est une de vos nombreuses contradictions, mais elles font de vous un être à part, qui peut vraiment se distinguer de ses semblables...

• **Vos atouts :** une profonde humanité qui fait de vous l'ami/e idéal/e. Vos côtés créatifs : il vous arrive d'avoir des idées géniales et même en avance sur leur temps ! Ce sens de l'anticipation, allié à l'intuition du Cancer, fait de vous une personnalité qui a quelque chose de plus que les autres.

• **Vos difficultés :** un esprit de contradiction qui peut être agaçant pour vos proches. Votre jalousie, qui se révèle parfois obsessionnelle.

• **Vos fragilités :** le système endocrinien, le système neurovégétatif.

Uranus et Saturne sont vos planètes maîtresses : suivez leurs mouvements avec attention.

> VOTRE ÂME SŒUR

Selon votre signe et votre ascendant-descendant. Le descendant est le secteur opposé à l'ascendant et représente le monde des autres, les rencontres, les unions et associations... Votre descendant occupe le signe opposé mais complémentaire du Verseau : le Lion. Cela signifie que vos relations amoureuses doivent vous permettre d'exprimer toute la générosité qui est en vous, votre sens des valeurs, mais aussi vous apporter ce qui (selon vous) vous manque : la confiance en vous, l'autorité, la force. Vous les accordez volontiers à l'autre puisque vous pensez ne pas en être pourvu, ce qui n'est pas toujours vrai ! Vous serez donc très séduit par les Lion ou ascendant Lion, ou toute personne ayant la Lune, voire Vénus, dans ce signe, bien que leur ego puisse vous paraître parfois démesuré ! Mais comme vous les admirerez, il faudra pas mal de temps avant que vous ne vous aperceviez de leurs petits travers ! Avec les Bélier ou ascendant Bélier, vous établirez une belle complicité, mais leur autorité vous pèsera. Vous les trouverez formidablement enthousiastes au début, et au fil du temps vous critiquerez leur impulsivité, leur manque de rigueur. Les Sagittaire ou ascendant Sagittaire seront également de formidables partenaires, qui sauront mettre vos idées en forme. Leur joie de vivre, leur dynamisme vous « parleront ». Avec les Balance ou ascendant Balance, il y aura des affinités, des centres d'intérêt en commun et une volonté d'aller toujours plus loin. Votre union sera épanouissante. Enfin, les Gémeaux ou ascendant Gémeaux vous amuseront énormément, leur intelligence et leur curiosité vous fascineront.

ASCENDANT POISSONS

Vous êtes comme une éponge et absorbez tout ce qui vient de votre environnement. Vous êtes donc hypersensible, intuitif, et savez vous mettre à la place des autres. Ces caractéristiques sont déjà en germe chez le Cancer, votre ascendant ne fait que les accentuer ! Votre générosité et votre dévouement vont souvent jusqu'au sacrifice de vos propres intérêts. D'ailleurs, on dit de vous que vous êtes très, voire trop, gentil/le et on vous reproche souvent vos comportements passifs. Les moments de confiance alternent avec une tendance à vous dévaloriser et vous n'avez pas toujours conscience de vos qualités et de votre créativité. On pourrait penser que vous vous traitez avec indifférence, car vous préférez vous créer des modèles issus de votre imagination ou inspirés de ceux qui vous entourent plutôt que d'approfondir votre propre personnalité. Mais vous pouvez utiliser cette disposition positivement, dans une activité littéraire ou artistique (comédien, par exemple). Sinon, vous vous investirez à fond dans l'éducation des enfants, les vôtres ou ceux que l'on pourrait vous confier. Poissons et Cancer sont d'un romantisme parfois excessif, et cette signature vous invite à la fusion, au mélange, à l'indifférenciation. Pour trouver ou préserver votre identité, vous devez apprendre à faire la part des choses, à être plus critique, à moins placer ceux que vous aimez sur un piédestal... En outre, vous détestez les conflits, et la fuite est souvent votre meilleure arme. Vous la pratiquez également quand vous cherchez à refuser quelque chose, ou quelqu'un, car vous ne savez pas dire non. Mais vous ne manquez certainement pas d'humour ! En général, vous avez un bon sens politique, êtes conscient des règles et des lois à respecter, même si vous dépassez parfois les limites ! Plus que d'autres, vous vous intéressez à la vie de votre communauté. Le sens des valeurs, issu de votre éducation, compte également parmi vos qualités.

• **Vos atouts :** les chocs et les traumatismes glissent sur vous, ou en tout cas c'est l'impression que vous donnez. En réalité, votre sensibilité est tellement forte que, très tôt, vous apprenez à vous en protéger.

Surtout si vous êtes un homme. Vous avez le sens du secret et l'on peut vous faire confiance quand on vous confie un travail.

• **Vos difficultés :** vous vous dissimulez souvent la vérité et bâtissez des romans dans votre tête. Vous êtes aussi très gourmand et avez donc tendance, plus que les autres, à prendre du poids.

• **Vos fragilités :** la circulation principalement, ainsi que le transit intestinal, trop rapide ou trop lent.

Neptune et Jupiter sont vos planètes maîtresses, étudiez leurs mouvements avec une attention particulière.

> VOTRE ÂME SŒUR

Selon votre signe et votre ascendant-descendant. Le descendant est le secteur opposé à l'ascendant et représente le monde des autres, les rencontres, les unions et associations... Votre descendant occupe le sérieux signe de la Vierge, opposé mais complémentaire de votre ascendant Poissons. La relation de couple doit donc, d'une certaine manière, être un « contenant ». Elle doit vous poser des limites, vous servir de référence temporelle ou spatiale dans la vie quotidienne, sans brimer votre créativité et votre imagination. Vos partenaires doivent avoir le sens pratique qui vous manque souvent et être plutôt organisés. Les Vierge ou ascendant Vierge, ainsi que ceux qui ont la Lune ou Vénus dans ce signe, possèdent ces qualités et vous formerez un beau couple avec eux, bien que leur souci du détail et leur tendance à se « prendre la tête » puissent vous agacer. Vous les trouverez intelligents, malins, et admirerez leur esprit analytique, mais vous parviendrez toujours aux mêmes conclusions qu'eux par le biais de votre intuition ! Les Taureau ou ascendant Taureau auront également beaucoup à vous apporter, ils sont généreux de nature, aimants, et leur sensualité « parle » directement au Cancer qui est en vous. Les membres de votre signe ou les ascendants Cancer auront également votre faveur, peut-être par effet de miroir. Il n'empêche que vous apprendrez beaucoup l'un de l'autre, et que vous partagerez de nombreux centres d'intérêt. Avec les Scorpion ou ascendant Scorpion, ce sera la tendre guerre, la passion romantique et douloureuse, mais ce sera peut-être votre grand amour ! N'oubliez pas les Capricorne ou ascendant Capricorne, qui vous apporteront la stabilité dont vous avez besoin.

Vos affinités avec les autres signes

CANCER AVEC BÉLIER

Lui si fonceur, si bulldozer, et vous si sensible, si affectueux ! Ce n'est pas que vous n'ayez rien en commun, au contraire : vous aussi êtes très réactif et susceptible, par exemple... Mais enfin, cette union est celle de l'Eau et du Feu, et il vous faudra faire de nombreux efforts pour accepter quelqu'un d'aussi différent de vous. Mais peut-être que cela vous enrichira et que votre imaginaire nourrira l'action du Bélier.

• **Si vous voulez que ça dure :** ne l'envahissez pas ! Certes, ce Bélier peut vous paraître trop indépendant, ce qui vous donne l'impression qu'il ne vous aime pas, mais ce n'est pas le cas. Et plus vous pèserez sur lui, moins il aura envie de se rapprocher de vous.

CANCER AVEC TAUREAU

Voilà une union qui ne peut que marcher ! Vous possédez les mêmes valeurs, la même vision du monde, et votre complicité est totale. Jusque dans les plus petits détails du quotidien ! Votre amour de la famille, votre sensualité, mais aussi votre besoin de sécurité trouvent un écho chez le Taureau, qui ne peut que vous rassurer tant il se montre solide et confiant en lui. Les échanges seront au centre d'une relation sensuelle et... durable.

• **Si vous voulez que ça dure :** il n'y a pas grand-chose de plus à faire ! Si ce n'est respecter son sens de la propriété et ne pas provoquer sa jalousie. Il peut devenir autre, vous pouvez ne pas le reconnaître s'il est soudain envahi par le doute et les soupçons !

CANCER AVEC GÉMEAUX

Il vous attire beaucoup plus que vous ne le pensez, mais vous ne le connaissez pas bien ! Il vous plaît et vous repousse en même temps, alors qu'une bizarre alchimie vous commande d'aller vers lui et de vous laisser aimer. Pourtant, vous ne lui donnez pas entièrement votre confiance, son côté « oiseau sur la branche » ne vous disant rien qui vaille. Mais si vous voulez juste vous amuser, la relation sera top !

• **Si vous voulez que ça dure :** les Gémeaux sont curieux et adorent commenter ce qui se passe autour d'eux. Soyez vous aussi à l'écoute des petits et grands événements du monde, des potins de stars ou des histoires de cœur des collègues...

CANCER AVEC CANCER

Vous pouvez très bien ne pas vous ressembler, les ascendants jouant un rôle essentiel dans la façon de se comporter. N'empêche que vous serez aussi sensibles et susceptibles l'un que l'autre et que cela peut créer des petits problèmes au quotidien. Le sachant, vous ferez des efforts au début, mais à la longue ? Toutefois, vous formerez un bon tandem en affaires et la réussite sera au bout du chemin à presque tous les coups.

• **Si vous voulez que ça dure :** il faudrait éviter d'être trop dépendant l'un de l'autre, et même trop en fusion... Obligatoirement, l'un des deux se sacrifierait à l'autre et ça ne serait pas une bonne chose ! À un moment ou un autre, il finirait par se révolter. Trouvez la bonne distance.

CANCER AVEC LION

Comme un papillon attiré par une flamme, vous serez conquis par la prestance, le bagout, le rayonnement émis par le Lion ! Vous aurez envie d'être sa chose, de tout abandonner pour lui. Vous ne serez pas tout à fait dans la réalité, mais peu importe : il vous fera tellement vibrer. Vous pourrez fonder un couple solide, pour peu que vous ayez l'art et la manière de vous effacer devant lui et de le flatter en douceur.

• **Si vous voulez que ça dure :** ne lui volez jamais la vedette, sauf si c'est lui qui vous met volontairement en avant. Si vous fondez une famille, laissez-lui le rôle de chef, il est généralement assez autoritaire et il n'apprécie guère que l'on conteste sa manière de faire.

CANCER AVEC VIERGE

Ce signe ne peut que vous plaire, et surtout vous aider à vous sentir en sécurité. Mais avec la Vierge, il faut aller au-delà des apparences, qui jouent parfois contre elle ! Son côté modeste et pudique peut vous sembler rébarbatif, mais au fil du temps, vous découvrirez son humour acide, son sens critique sans concession et son intelligence très pointue. La Vierge peut aussi vous apprendre à mieux contrôler vos émotions.

• **Si vous voulez que ça dure :** ne soyez pas trop critique avec lui, les Vierge sont déjà très dures avec elles-mêmes et ne se pardonnent pas la moindre faute ! Créez-lui des habitudes rassurantes, que vous apprécierez aussi, elles seront un ciment solide pour votre couple.

CANCER AVEC BALANCE

Vous serez indéniablement conquis par le charme de ce signe, parmi les plus séducteurs. Mais, comme vous, il est sujet à des changements d'humeur, à des moments de nostalgie, et il peut ne pas se montrer assez sécurisant... Cependant, il vous rappellera inconsciemment l'un de vos parents et vous aurez envie de construire quelque chose avec lui. Sachez toutefois que vous devrez fournir des efforts !

• **Si vous voulez que ça dure :** soyez celui ou celle qui prend les décisions, la Balance a des difficultés à faire des choix. Même s'ils sont mineurs... Évitez également les rapports de force, ce signe ne supporte pas les conflits et cherche à les apaiser, quand il ne les fuit pas.

CANCER AVEC SCORPION

Vous êtes parmi les rares signes à pouvoir appréhender aussi facilement des situations compliquées, que vous trouvez d'ailleurs passionnantes. Le Scorpion est un signe d'Eau, comme le vôtre. Il évolue dans un monde d'émotions, qu'il maîtrise certainement mieux que vous ! Vous formerez un couple très amoureux, et votre union sera durable pourvu que vous aimiez votre Scorpion de manière inconditionnelle. De son côté, il appréciera votre loyauté et votre fidélité à toute épreuve.

• **Si vous voulez que ça dure :** ne provoquez jamais sa jalousie ou sa peur de vous perdre. Il devient alors très « primaire » et part dans des délires un peu paranos. Il faut au contraire le rassurer en lui montrant que vous l'aimez, sans pour autant faire preuve de faiblesse.

CANCER AVEC SAGITTAIRE

Les côtés parfois vagabonds du Cancer pourraient trouver un écho chez le Sagittaire, voyageur dans l'âme... Mais ce sera plutôt rare et votre relation, si elle dure (ce qui n'est pas sûr), sera surtout fondée sur une forte attraction physique. Dans la vie quotidienne, l'extrême indépendance du Sagittaire vous gênera et surtout vous déstabilisera. Mais il pourrait aussi représenter tout ce que vous aimeriez être !
• **Si vous voulez que ça dure :** ne le prenez jamais de front, ce n'est pas le genre de personne qui apprécie d'être remise en question ! Ne lui créez pas non plus des obligations à votre égard afin de le faire rester avec vous. À coup sûr, il aurait envie de fuir !

CANCER AVEC CAPRICORNE

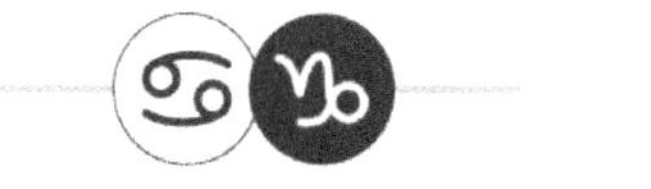

C'est votre signe opposé, sur la roue du zodiaque, mais vous êtes complémentaires. Le Capricorne possède tout ce qui vous manque : la solidité, la stabilité et un bon rapport avec le temps. Votre union peut donc s'établir sur une vraie complémentarité et se révéler durable. Mais vous trouverez qu'il manque souvent de tendresse, qu'il est distant, et surtout qu'il sacrifie tout à ses ambitions. C'est en effet un gros travailleur !
• **Si vous voulez que ça dure :** ne vous mettez pas en travers de sa route s'il travaille beaucoup. Réussir est indispensable à son équilibre. Ne le suivez pas non plus sur le chemin du pessimisme, tendance qu'il cultive avec enthousiasme ! Montrez-lui qu'il existe d'autres options que celle du pire !

CANCER AVEC VERSEAU

Vous serez probablement très séduit par ce signe, qui incarne l'indépendance et la liberté. Vous qui êtes au contraire plutôt dépendant de votre milieu ne pouvez qu'être attiré par ce détachement, cette apparente facilité du Verseau à ne pas se laisser prendre aux pièges du système. Mais, à la longue, vous ne vous sentirez pas très en sécurité et son idéalisme et ses projets utopiques finiront par vous lasser.

• **Si vous voulez que ça dure :** surtout n'essayez pas de le transformer à votre image... Et évitez de lui imposer des contraintes, il ne respecte que celles qu'il s'impose lui- même. Sachez aussi que plus vous respecterez sa liberté et son espace personnel, plus il vous aimera ! Un vrai défi.

CANCER AVEC POISSONS

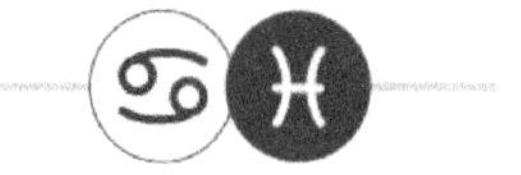

Vous vous accorderez très bien ! Vos sensibilités et surtout vos imaginaires feront la paire, au point que vous n'aurez pas toujours les pieds bien ancrés dans le sol. Surtout lui, très imaginatif et plus préoccupé des malheurs des autres que de son propre bien-être... Vous vous devinerez facilement, ce qui vous empêchera parfois de dialoguer ! Mais ses côtés plaintifs pourraient vous taper sur les nerfs à la longue.

• **Si vous voulez que ça dure :** même si vous trouvez cela très agréable, faites en sorte qu'il ne se sacrifie pas sans cesse pour vous et pour les autres. Apprenez-lui à être un peu plus égoïste, c'est dans son intérêt. Mais vous aurez peut-être du mal, toute son éducation allant dans l'autre sens !

Quel amoureux êtes-vous ?

Seule la position de Vénus dans votre thème peut vous renseigner sur votre manière d'être amoureux et sur ce que vous attendez d'un partenaire. Sa distance au Soleil est réduite, ce qui signifie qu'elle ne peut se trouver que dans cinq signes : le vôtre, les deux qui le précèdent et les deux qui le suivent. Vous êtes Cancer, Vénus ne peut donc occuper que votre propre signe, ainsi que les Gémeaux, le Taureau, le Lion ou la Vierge. En tant que Cancer, vous êtes très sensible et romantique. Vous vivez le grand amour chaque fois que vous rencontrez quelqu'un, et si cette personne sait faire vibrer votre imagination, tout en étant sécurisante, vous vous donnez à fond. Mais comme vous êtes un grand inquiet, et que vous avez du mal à maîtriser vos émotions, vous les transformez souvent en agressivité, remâchant dans votre coin des griefs dont l'autre n'a aucune idée. Mais vous êtes aussi capable de petites et grandes attentions qui le font fondre et lui permettent d'oublier provisoirement votre caractère imprévisible. Très sensuel, vous supportez mal que votre partenaire ne soit pas au diapason de vos désirs.

SI VOUS AVEZ VÉNUS EN CANCER

Votre émotivité est très forte et vous devez trouver un équilibre entre un trop-plein de sensations, de sentiments, et... la fuite devant l'amour, celui-ci se révélant trop déstabilisant ! Le plus souvent, comme vous n'avez pas de mots pour exprimer ce que vous ressentez, vous transformez sans vous en rendre compte ces sensations en anxiété et en inquiétudes injustifiées. Toutefois, quand vous êtes en totale sécurité, vous savez très bien exprimer tout votre amour, un amour à la fois sensuel, exigeant, mais aussi très doux, caressant et maternel. Vous développez une forte intuition et captez les humeurs de l'être aimé (un Capricorne souvent) avec une grande facilité, mais comme vous avez tendance à exagérer, votre sollicitude peut se faire envahissante, au point que l'autre vous repousse.

SI VOUS AVEZ VÉNUS EN LION

Voilà une jolie configuration, qui indique à quel point vous pouvez être généreux avec ceux que vous aimez, les couvrant de cadeaux et de petites attentions touchantes. Sans y mettre aucune réserve, vous développez une admiration sans borne à l'égard de l'élu/e de votre cœur, et le/la placez sur un piédestal qu'il/elle ne mérite probablement pas. Très sensuel, vous exprimez ouvertement vos besoins, dans une volonté d'être toujours très proche de l'autre, de le toucher, de le caresser, quitte à vous montrer envahissant, et surtout très jaloux. Toutefois, vous avez de l'orgueil et s'il vous en fait la remarque, vous faites des efforts pour changer vos comportements, la peur de perdre l'affection de l'autre étant plus forte que tout. Un Verseau pourrait vous aider à être moins possessif.

SI VOUS AVEZ VÉNUS EN VIERGE

Vous avez certainement beaucoup plus de pudeur que le Cancer classique, davantage de retenue dans l'expression de vos émotions et sentiments. En fait, vous craignez le ridicule et ne vous jugez peut-être pas assez « aimable » pour vous imposer davantage. Le Cancer étant inquiet et la Vierge ayant tendance à douter, à porter un regard critique sur elle-même, vous manquez d'assurance. Toutefois, si d'autres aspects de votre thème indiquent que vous avez confiance en vous, cette configuration vous permettra de rééquilibrer vos émotions, le côté raisonnable de la Vierge entrant en action. Bien dans votre peau, vous n'aurez pas votre pareil pour prévenir le moindre désir de votre partenaire et ferez preuve d'une grande délicatesse, qu'un Poissons appréciera.

SI VOUS AVEZ VÉNUS EN TAUREAU

Quelle sensualité et quelle belle capacité de donner de l'amour ! Vous êtes à la fois un amant magnifique et un excellent parent, tendre et attentionné. La seule difficulté pour vous sera de trouver l'équilibre entre d'importants besoins amoureux et une vie de famille classique. Sensible aux besoins de votre partenaire, vous lui donnerez beaucoup et attendrez autant en retour. La fidélité étant un point sensible, vous serez tout de même un peu méfiant et, encore une fois, la jalousie risque de miner vos relations. Si vous rencontrez le partenaire idéal, un Scorpion souvent, vous serez particulièrement caressant et audacieux (la fameuse audace des timides), et saurez faire régner un climat érotique dans votre couple.

SI VOUS AVEZ VÉNUS EN GÉMEAUX

C'est une combinaison intéressante, dans la mesure où elle calme l'intensité émotionnelle du Cancer en apportant une note cérébrale et raisonnable, indispensable à un bon équilibre. Moins anxieux que les autres Cancer, vous serez plus joueur, plus disposé à vous « amuser » avec votre partenaire. Vous saurez également tenir vos inquiétudes à distance et même les traiter avec humour. L'amour n'est pas votre seul critère de sélection, vous avez également un grand besoin d'échanges intellectuels, de jeux, de rires et de complicité avec celui ou celle qui partage votre vie. S'il sait s'adapter à vos comportements et à vos humeurs imprévisibles, ce sera une union idéale ! Un Sagittaire devrait faire l'affaire...

Comment calculer votre ascendant ?

Pour calculer votre ascendant, votre décan et savoir où se trouvent les planètes de votre thème:

allez sur twelv.love

Retrouvez Christine Haas

https://www.instagram.com/chrishaasoff

https://www.twitter.com/chrishaasoff

https://www.youtube.com/c/ChristineHaasOff

https://www.facebook.com/Celastro-107986160587123

www.ingramcontent.com/pod-product-compliance
Lightning Source LLC
LaVergne TN
LVHW010113170826
845678LV00012B/2386

* 9 7 9 8 8 4 9 5 0 4 2 2 3 *